Mary Elisa Kinlund

Thess!

Mitt liv inom LSS

På gott och på ont

© 2021 Kinlund, Mary Elisa
Förlag: BoD – Books on Demand, Stockholm,
Sverige
Tryck: BoD – Books on Demand, Norderstedt,
Tyskland
ISBN: 978-91-8007-739-2

Bokens innehåll:

Kapitel 1: Jag

Kapitel 2: IF/ NPF/ Autism/ /
ADHD

Kapitel 3: Perception & Kognition:
Theory of Mind, svag central
koherens,
exekutiva funktioner

Kapitel 4: Lagar

Kapitel 5: Brev till min familj

Kapitel 6: Bakgrund och uppväxt

Kapitel 7: Skolor

Kapitel 8: Efter skolan: psykolog,
vårdkontakter

Kapitel 16: Tänk dig själv OM...

Kapitel 17: Avslut – Varför och TACK!

Författarens mejladress: (för den som vill komma i kontakt med författaren eller bara vill kommentera boken).

Sommarvind7@gmail.com

Källor: Till de kapitel som innehåller källhänvisningar.

Kapitel 1: Jag
Vem är jag? Vad är syftet med att jag vill berätta? Jag heter Thess och är 25 år. Jag har autism och en intellektuell

funktionsnedsättning. Som barn hade jag svår ADHD. I tonåren, så lugnade ADHD´n ner sig. Jag vill berätta lite om hur mitt liv har sett ut. Jag vet att jag inte är ensam. Men många gånger känner man sig ensam, att ingen annan har det på samma sätt. Det är så lätt att se på alla som lever ett "normalt" liv. Som har vänner, en partner, jobb och klarar av att sköta sig själv och sin ekonomi själv och göra en massa saker på egen hand. Det jag berättar är sant, en verklighet. Det har hänt på riktigt. Däremot så har jag använt fingerade namn. Jag har lagt till och tagit bort vissa personer i berättelserna. En del händelser har jag varit med om och en del av händelserna har andra jag känner varit med om, men jag skriver denna bok i jag form. Jag har en stor integritet och vill inte ha uppmärksamhet och jag vill inte lämna ut mig själv. Därför känns det bättre att skriva om händelser som är taget från flera personer. Men allt är på riktigt och sant.

Jag eller den som varit med om händelserna i boken, har inte alltid behövt vara involverade i alla situationer och inte alltid vetat hur verkligheten ser ut. Speciellt inte kampen med myndigheterna. Det är inte vi själva som "fört vår kamp", utan närstående till oss. Vi har skonats från att veta allt. Det hade bara gjort ont och förvärrat vår situation, om vi fått all information och vetskap om hur verkligheten ser ut. Jag har fått hjälp att skriva boken, som är skriven i jag-form, då den handlar om mig/ oss. Våra närstående känner oss och våra tankar, ord och känslor. Men det handlar fortfarande om MIG och OSS. Vi som är i behov av LSS och SOL insatser. Vi som inte klarar livet, utan att få hjälp och stöd av andra. Vi är beroende av andra människor och lagar för att få ett liv med goda levnadsvillkor.

Jag skriver och berättar i hopp om förståelse och för att andra inte ska känna sig ensamma. Jag hoppas att dem som bestämmer och tar beslut om insatser kan förstå och även personal inom LSS och SOL. En del pratar om hur anhöriga eller den som har funktionshinder fuskar, för att få pengar. Att anhöriga inte ska kunna tjäna pengar på oss och inte utnyttja oss. Det är hemskt för dem som varit utsatta för det, där fusk har förekommit. Men hur många är det?? Hur många har sedan blivit lidande för att några få har fuskat??? Många anhöriga jobbar hårt för vår skull. Utan att få en krona. De sliter för våra rättigheter och lägger tid, energi och egna pengar på att vi ska ha det bra. Och de ska dessutom arbeta på sina jobb utöver det. För att få sina liv att gå runt. Många blir deltids eller heltidssjukskrivna på grund av överbelastning, vilket blir ett ekonomiskt nederlag för samhället och det blir en ond cirkel.

Anhöriga förväntas släppa taget om oss och kritiseras ibland för att de inte gör det, medan vi är unga. Om de ska kunna göra det, så måste samhället fungera och ha resurser för att andra ska kunna ta över och ge oss med funktionshinder rätt hjälp och stöd. Då måste politiker, handläggare och beslutsfattare lyssna. Lyssna på oss och våra anhöriga. Jag vet många som blir misstrodda och får kämpa en hård kamp för att deras barn eller närstående ska få rätt hjälp och stöd. Hur ska de göra för att bli lyssnade på och bli betrodda???

Därför vill jag berätta. Sverige ser ut att vara ett välfärds samhälle och alla ska ha det bra. Vi som behöver stöd och hjälp genom LSS och SOL, har laglig rätt till att få goda levnadsvillkor och ett gott liv. Då behöver vi bli betrodda. Vi behöver bli lyssnade på, oavsett om vi kan föra vår egen talan eller om anhöriga måste föra vår talan. Det är säkert många som har fått bra och rätt insatser. Det borde vara en självklarhet. Men jag skriver för att min egen erfarenhet delvis är den motsatta och för att jag vet så många andra som får kämpa hårt, för att få ett bra liv. Vi är alla olika individer och behöver därför olika insatser.

Flera som har autism och har en hög perceptionell känslighet kan lätt bli missförstådda. Speciellt om vi ligger på en medel eller lite högre intellektuell nivå. Om vi har förmågan att kommunicera verbalt och har ett bra ordförråd, så tror många att vi förstår mycket och klarar att utföra mycket och att vi orkar med våra vardagliga sysslor som andra. Om vi inte gör det så kan vi kallas lata och att vi är ovilliga att samarbeta.

Även om vi delvis kan förstå vad folk säger, så förstår vi ofta inte innebörden av det och vi kan lätt svara fel. Då kan det bli missförstånd. Han eller hon sa ju... Men vi visste kanske inte vad vi sa ja eller nej till. Vi kan också bli kallade för hemmasittare, om vi inte vill gå till någon skola, daglig verksamhet eller praktik. Allt hänger ihop och handlar om anpassning, för att vi ska få motivation och rätt stöd, hjälp och förståelse in i varje insats. Vi vill många gånger mycket, men är ofta begränsade i oss själva. Ibland vill jag klara mig själva i vissa sammanhang och ibland spelar det faktiskt ingen roll, om jag gör en viss sak själv eller om någon annan gör det åt mig. Dagsformen är ofta avgörande för mig.

Jag har precis som alla människor, svagheter, känslor, intressen och styrkor. Jag har typiska autistiska drag. Om man nu kan säga så. Jag skärmar gärna av mig i sociala sammanhang. Jag gillar inte ögonkontakt. Ofta har jag på mig både solglasögon och kepsen neddragen framför ögonen eller en huvtröja som skärmar av, när jag ska gå ut eller i mötet med okända människor. När jag är hemma i trygg miljö, så tänker jag inte på det och då behöver jag inte avskärma mig. Inte heller om vi får besök av människor jag känner.

Jag är social och pratsam, när jag är i trygg miljö, med människor som förstår mig och respekterar mig för den jag är. Annars blir jag tyst som en mussla. Jag blir tom i huvudet och vet inte vad jag ska säga. Det är jobbigt med ögonkontakt. Jag blir stressad när människor inte förstår mig. När jag känner krav. På möten och i samvaro med okända människor känner jag krav. Jag vet inte vad jag ska prata om. Jag kommer inte på vad jag ska säga. Jag tycker det är svårt att svara på frågor. Det känns jobbigt. Efteråt vet jag inte heller vad andra eller jag själv har sagt. Jag behöver ha en som "tolkar" åt mig vid sådana tillfällen. De som känner mig vet. De brukar låta mig försöka svara på frågor och prata, men när jag vänder huvudet och tittar på dem, så vet de att jag behöver stöd att föra min talan. Det funkar bra och jag känner mig trygg med det. Men alla har inte förstått. Om jag skulle vara själv i de sammanhangen, så hade jag inte kunnat framföra viktig information och inte heller komma ihåg vad som sagts. Det kan då bli lätt missförstånd och fel bedömningar av de personer jag träffar.

Jag har en massa intressen och berättar gärna om dem och visar gärna bilder och foton jag tagit när vi varit på semester eller andra saker jag har gjort. Jag tycker mycket om att fotografera. Jag har haft flera olika kameror. Små kameror och en fin systemkamera med lins. Jag har även fotograferat en del med mina telefoner. Dem jag visat bilderna för tycker jag tar jätte fina bilder. Jag har fått höra att jag borde ställa ut mina foton i ett galleri. Jag har inte så mycket tålamod och ork att göra vardagliga saker, men när jag ska fota, så stannar tiden på något sett. Jag kan stå länge och bara vänta på rätt ögonblick och då tar jag bilden. Morsan tycker att jag var den som tog bäst bilder på vår katt Dagny. Annars är favorit motiven fåglar och andra djur. Jag kan stå i fönstret hemma och invänta att någon fågel ska sätta sig på balkongräcket. Ibland lägger vi ut mat som lockbete. Det är rogivande att fota. Jag har ofta mycket tid och kan koncentrera mig i de här stunderna. Annars har jag inte mycket tålamod och ork. Saker som andra tycker är viktiga, är oftast inte viktiga för mig. Då har jag inte tålamod och kan inte sätta fokus på det. Helst ska det gå fort, om jag ska försöka göra det själv. Eller så orkar jag inte ta tag i det. Så är det oftast, min ork räcker oftast inte till då jag ska försöka göra vardagliga sysslor. Mina intressen utför jag bara de dagar jag orkar. Att äta kan ta hur lång tid som helst. Jag har inget intresse av mat och känner inte när jag är hungrig.

Jag tycker om att lyssna på musik. Jag gillar den mesta musiken och lyssnar ibland på gammal och klassisk musik. I perioder lyssnar jag på -70, -80, -90 tals musik. Mest blir det pop eller rock. Jag har också flera instrument. Jag har fått eller köpt fioler, munspel, el-bas, synthar. Helst skulle jag vilja ha en riktigt piano, men det är för dyrt och tar mycket plats. Kanske jag har råd med eller får ett i framtiden.

När jag följde med morsan eller min ledsagare till replokalen förut, så stod ett gammalt ostämt piano i samlingslokalen. Det brukade jag spela på. Både Gurra, morsan, farsan och vänner till dem håller på lite med musik och har spelat i band. Vi barn fick följa med dem när vi var små. Vi fick hörselskydd, kritor och pennor med oss och fika. Under en tid, spelade de i källaren i en skola. Där kunde vi barn springa runt och leka. Det var roligt och blev en naturlig tillvaro för oss.

Jag spelade fiol i "skolan jag inte vill minnas". Jag kommer berätta mer om skolan sen. Jag spelade den blomstertid nu kommer på en skolavslutning. Jag har också fått ett par gamla fioler av några släktingar och en ny fiol av morsan. Jag har inte spelat så mycket på fiolerna, men det är roligt att ha dem. Jag tycker gitarr är coolt, men verkar svårt. Jag har bara provspelat gitarr någon gång. El-bas tycker jag är roligt. Jag fick först morsans gamla. Sen fick jag en ny i födelsedagspresent. En gång gjorde jag och morsan en låt ihop. Jag kom på ett bas-komp, som morsan använde och gjorde en låt av. Jag har ett par synthar. En som är ganska bra. Jag köpte den av morsans kompis. Den har jag spelat ganska mycket på. Det är rogivande. Jag kommer på egna kompositioner. Jag kan inte noter eller ackord. Jag spelar det jag tycker låter bra. Tror jag har ganska bra gehör. Jag fick spela på min ledsagares trummor ibland. Jag följde med till replokalen ganska ofta. Tyvärr fick jag inte ha kvar ledsagaren, så det rann ut i sanden. De tog bort insatsen efter 17 år, när jag flyttat till service boende. Syrrorna håller på lite med musik. Ena syrran spelar lite synth och sjunger en del och den andra spelar gitarr och sjunger. De är duktiga. Tyvärr har jag lidit av tinnitus de senaste åren och jag har spelat mindre och mindre på instrumenten.
Musik är som terapi. Jag lyssnar på olika musik, beroende på vilket humör jag är på.

Jag har andra intressen också. Ibland syr jag egna saker. Jag har klippt ut och sytt handledsband. Någon gång sydde jag en vintermössa, som farmor fick. På skolan sydde jag en grytvante, som blev morsans favorit. Den har hon använt i nästan 20 år. Jag fick väva på "skolan jag inte vill minnas" och vävde en fin liten filt. Den lade morsan beslag på, när jag tänkte ge bort den. Hon tycker mycket om den. Jag ger gärna bort saker.

Jag har också gjort en del fina smycken och har fått en hel del läderband, färgtrådar och små detaljer och pärlor som jag kan göra smycken av. Det är roligt. Jag gör smycken som jag ger bort i present ibland.

På "skolan jag inte vill minnas", så fick jag också måla och rita en del. Jag kom hem med tavlor och teckningar, som morsan ojade sig över. Hur fina de var. Om sanningen ska fram, så fick jag hjälp av en jätte duktig och snäll bildlärare. Jag har aldrig själv kunnat se det jag är bra på och att det jag gjort är fint. Jag försöker öva mig på det och har blivit bättre med tiden. Jag är faktiskt nöjd med vissa saker jag har gjort. Kanske mest med mina fotografier. Numera målar jag inte så ofta.

När jag var liten, ungefär åtta år, så fick jag tävla på stadion. Jag hade vunnit ett 60 meters lopp på skolans friluftsdag och jag kom tvåa i längdhopp. Lite lustigt för jag hade inte tränat innan. När jag var sju år, så kom jag också på en bra placering när vi sprang 3 km lopp i skolan. Jag varvade mina klasskamrater. De var jätte imponerade av mig. Jag hade inte tränat då heller. Jag hade några gamla gympa skor. Morsan hade inte råd att köpa nya. Men det gick bra att springa i dem också.

Morsan ojade sig vid de här tillfällena också och tyckte jag var så duktig. På den tiden, hade jag världens sämsta självförtroende och kunde inte ta till mig det morsan sa. Hon gick med mig till någon form av friidrott en gång, men jag kunde inte fokusera. Jag tror jag provade någon idrottsgren, som jag tyckte var svår och sen ville jag inte gå mer. Hon försökte också få med mig och mina systrar när hon gick ut och joggade. Men efter ett par hundra meter, så började vi klaga och frågade när vi skulle vända. Ja. Det är lite tråkigt att jag inte kunde sätta fokus och hade inspiration då. Jag förstår i efterhand att jag faktiskt hade talang. Men när jag var liten, så gick det inte att övertala mig. Jag hade svår ADHD och svårt att fokusera på saker jag skulle göra. Jag minns hur arg jag blev och kunde röja ner alla saker på golvet, men jag slog inte någon. Hur skulle morsan klara och hinna allt. Hon var mycket själv med oss och vi hade inte bil då.

Jag är också intresserad av historia, vikingar och gamla saker. Morsan tog oss barn till Birka. Jag var där med mormor och morfar också. Och jag har varit på Gotland med både morsan, Gurra och farsan och även med min ledsagare. Där finns mycket historiska saker. Där har jag plockat stenar och fossiler, varit i vikingabyn och köpt massor av vikingasmycken. Jag berättar mer längre fram i boken.

Farsan och jag delar intresset av gamla saker. Morsan är inte alls så intresserad av det, men hon och Gurra brukar åka med mig på loppis ibland. Det blir alltid köpt något fynd, när jag är och handlar. Morsan är inte alltid glad över det jag hittar och köper. Jag är inte så mycket för nymodigheter, utan gillar mer gamla prylar. Jag har köpt gamla lexikon, ett gammalt kompass, en gammal trattgrammofon, flera Vhs spelare, ett gammalt dragspel, antika bord. Listan kan bli lång. Jag skulle kunna öppna ett eget loppis. Precis som i Albert och Herbert, som är en av mina favorit serier.

Jag älskade när jag hade tjock tv. Jag var den som först fick en platt tv. Det var för att morsan var rädd att min gamla tjock tv skulle börja brinna, eftersom den stod på dygnet runt. Jag fick en 19 tums tv, för morsan hade inte råd med en större.. Det känns overkligt, att jag hade en sådan liten tv. Sedan blev tv apparaterna större och större. Nu är min ena tv 65 tum. Det är morsans stora fasa att jag ska hitta en tjock tv på loppis, för då kommer jag köpa den. Vissa saker kan hon övertala mig att inte köpa. Men ibland låser jag mig och köper ändå. Det är inom ramen av de pengar jag har. Det är mina egna pengar jag handlar för. I efterhand kan jag hålla med om att många saker jag köper är onödiga. Mycket ligger och dammar. En del saker har jag flera stycken av. Jag har haft svårt att rensa och kasta saker, men jag har blivit lite bättre på det. Morsans standard kommentar när vi åker till Dollar store är – köp nu inga fler silver tejp... eftersom jag har några stycken. Men då ska jag berätta att hon häromdagen kom och ville låna silver tejp av mig. Jag sa att jag brukar ju köpa "bra att ha saker". Ja, hon var ju tvungen att hålla med om det. När jag flyttade hemifrån(jag berättar mer om det sen) så möblerade morsan och Gurra mitt hem med nya möbler, mest från Ikea, men de sparade plats, så jag kunde sätta fram det jag köpt själv och tagit med mig hemifrån. Jag handlar också, för att ge bort till andra. Jag gillar att handla. Jag gillar att ge bort saker. Min släkt är van att få lite speciella presenter, men de blir alltid glada.

När jag var liten, så hittade jag massor av saker när jag var ute. Det värsta som morsan hittade i min ryggsäck var nog när hon fiskade upp ett ormskinn. Då höll hon på att ramla baklänges. Som tur är för både hennes och min egen skull, så slutade jag plocka hem saker jag hittat. Med undantag för några fynd.

Jag gillar att fiska, även om det inte blir så ofta nuförtiden. Det blev oftare när jag var yngre. Jag gillar att träna, men det blir inte heller så ofta. Jag har fått gymkort förut, men jag kom inte iväg till gymmet. Jag behöver någon som följer med och som vet när det är lite lugnt på gymmet. Det är jobbigt om det är för mycket folk. Det finns ett utomhusgym som jag går till ibland, med morsan eller kontaktpersonen. Jag har ett par hantlar hemma. När jag bodde själv en period, så fick jag ett gå band. Jag behöver någon som kan instruera mig med hantlarna och även med hastigheten på gå bandet. Ibland tränar jag själv med hantlarna och då kan jag få ont efteråt.

Mitt största intresse är tv-spel. Tidigare spelade jag mest x-box och nu är det mest Playstation. En fördel med tv-spel är att jag har lärt mig engelska jätte bra. I början fick jag fråga morsan vad det betyder eller slå upp orden på datorn. Jag har

15

lärt mig en hel del annat också genom att utföra olika uppdrag i tv-spelen.

Jag pratar lite engelska hemma ibland för att träna, men bara med dem jag känner. Jag är intresserad av språk. Vi brukar skoja hemma och blanda lite ord från olika språk som vi kan. Vi brukar googla fram ord på olika språk. Det kan jag roa mig med tillsammans med morsan och Gurra vid frukosten, de dagar de är lediga. Eller så brukar vi komma på några andra intressanta ämnen, som vi googlar information om. Ibland får jag lära dem något, som jag har sett och lärt mig från något tv-program.

Filmer och tv serier, är också ett stort intresse. Jag gillar mest komedier och action, men ibland skräck. Jag tittar mycket på tv och film med Gurra och morsan. Det blir mest komedier. Ibland kan det bli en skräckis med Gurra. Jag tittar också mycket själv. Jag brukar titta runt på flera olika kanaler och söka efter filmer från andra länder. Jag hittar filmer från Italien, Spanien, Danmark, Norge, Kina, Japan. Jag tycker det är intressant med vetenskap och hittar mycket olika natur, djur, vetenskapsprogram och ibland dokumentärer. Det finns också roliga program, som värderar och säljer olika föremål, som jag tycker är intressant. Eftersom jag är mycket hemma, så ser jag mycket på tv. Jag lär mig mycket genom tv-programmen.

Jag har många intressen, men kan tyvärr inte utöva dem så mycket, om det inte är på hemmaplan, eftersom jag är begränsad med att komma ut. Jag behöver ha någon som kan få igång och inspirera mig.

Innan jag berättar min historia, så vill jag ge lite information om olika funktionshinder och vad det kan innebära och om lagar som gäller för oss.

Kapitel 2: Intellektuell funktionsnedsättning, IF/ Neuropsykiatriska

funktionsnedsättningar, NPF/ Autism/ / ADHD

Eftersom jag har diagnoserna autism, medelsvår Intellektuell funktionsnedsättning och ADHD, så vill jag ge lite information om diagnoserna. Det blir bara i korta drag. Även om man har en diagnos, så är man olika, men vissa saker har vi som har de här diagnoserna gemensamt. Det är också mycket annat att ta hänsyn till, när man möter oss, eftersom vi är olika på flera sätt. Vi har olika erfarenheter i livet, som kan påverka vår situation, olika intressen och olika personlighet.

Intellektuell funktionsnedsättning

Man kan läsa om Intellektuell funktionsnedsättning på exempelvis vårdguiden 1177(2016). Där står det att Intellektuell funktionsnedsättning, IF, också kan kallas utvecklingsstörning eller kognitiv funktionsnedsättning. Att ha en IF kan innebär att man har svårt att lära sig en del saker och att man kan ha svårt att förstå vissa saker. Det kan vara svårt att tänka abstrakt, att göra beräkningar och svårt att föreställa sig vad konsekvenserna kan bli av ett visst handlande. Vårdguiden beskriver de tre nivåer, som en person med IF, kan ha:

Lindrig IF. Då kan personen klara mycket själv, men kan behöva hjälp med att sköta sin ekonomi och vissa andra dagliga göromål.

Måttlig IF. Då kan personen oftast prata och förstå en del enklare situationer som är aktuella i vardagslivet. Personen kan behöva hjälp och stöd av människor med matlagning, kläder, tider och att sköta ekonomin och som ser till att personen får en bra tillvaro i livet.

Svår IF. Då kan personen inte tala. Personen använder rösten, ansiktsuttryck och kroppen för att förmedla vad denne vill och känner. Vidare kan man läsa att personen behöver ha människor omkring sig som denne känner väl och att de människorna behöver ha stor personkännedom om alla personens behov, för att denne ska bli förstådd.

De skriver att en person med IF behöver konkreta instruktioner och uppmaningar. De menar att personen är i behov av att man pratar på ett enkelt sätt, är rak och tydlig i sin kommunikation och att ge kortfattade uppmaningar, steg för steg.

Neuropsykiatriska funktionsnedsättningar, NPF.
Specialpedagogiska skolmyndigheten(2021), menar att de vanligaste neuropsykiatriska diagnoserna är ADHD, autism och Tourettes syndrom. Vidare att diagnoserna kallas neuropsykiatriska på grund av att nervsystemet och hjärnan bearbetar information på ett annat sätt, än vad som är vanligt.

ADHD
Barn med ADHD har ofta svårt att sitta still och är i ständig rörelse. De har ofta symtom som överaktivitet. De verkar ha svårt att förstå faran de kan utsätta sig för, när de klättrar och hoppar runt. De kan ha svårt att fokusera på uppgifter i skolan och att klara av skolarbetet. En del har svårt med uppmärksamhet, då de lätt hamnar i egna tankar och dagdrömmer. Det kan innebära svårigheter i att påbörja en uppgift. Ungdomar har ofta svårt att planera och ta ansvar för viktiga uppgifter. De är ofta rastlösa och tröttnar på en uppgift eller syssla. Oftast minskar hyperaktiviteten och impulsiviteten med åren, men personen kan uppleva en konstant känsla av rastlöshet. Personer med ADHD svarar oftast innan andra har pratat klart. De kan ha svårt att lyssna när andra pratar. Många med ADHD är motivationsberoende. De kan ha en ojämn prestationsförmåga. De kan prestera högt i vissa situationer och inom vissa områden, för att sedan prestera långt under genomsnittet inom vissa andra områden. På grund av stress och utmattningstillstånd, kan de ha svårt att sätta fokus och vara närvarande i sociala relationer och sammanhang. De kan ha svårt att samspela med andra. De förstår inte alltid andras önskningar och behov. Om inte barn och ungdomar får förståelse för sin problematik, så finns det risk att de utvecklar uppförandestörningar och trotsbeteende. De kan få ett asocialt beteende och ett utanförskap. Vilket kan medverka till att de får ångest och nedstämdhet. Personer med ADHD är ofta impulsiva och löper större risk att falla för frestelser och kan ha behov av snabba belöningar.

Det kan vara viss mat, sex, nikotin eller alkohol. En del letar nya upplevelser och kan lockas att prova droger och hamnar lättare i ett missbruk. De ser och förstår inte vilka konsekvenser det kan leda till. Många upplever att de får en bättre självkontroll med åren och lär sig att hantera sin rastlöshet och sin koncentration(Socialstyrelsen, 2014).

Personer med ADHD kan ha lätt att glömma och kommer ibland för sent till möten eller kommer inte alls. Det beror inte på ointresse eller nonchalans. Personen kan ha svårt att planera och organisera, att hålla kontakt med aktuella myndigheter, att ha ordning på viktiga papper och hålla reda på exempelvis räkningar. Om personen har svårt att söka ekonomiskt bistånd varje månad på grund av kraven att noggrant redovisa sin ekonomi och svårt att hålla kontakt med socialtjänsten, så kan det få svåra konsekvenser som att personen inte kan betala sin hyra och i värsta fall mister sin bostad(Socialstyrelsen, 2019).

Man kan läsa i 4 kap. 1§ Sol, att om en person som inte klarar sin försörjning själv och inte får tillgodosett sina behov, kan ha rätt att få bistånd genom socialnämnden. Personen får söka den hjälp och det stöd, som personen behöver. Socialtjänstlagen utgår från individens behov och inte diagnos, när ett biståndsbeslut ska tas(Riksdagen, 2019)(Socialstyrelsen, 2014).

För att en person som har ADHD, ska ha rätt att få insatser enligt Lagen om stöd och service till vissa funktionshindrade, LSS(1993:387), så behöver personen ha en samsjuklighet, där denne även har en funktionsnedsättning som ingår i 1§ LSS, personkrets 1-3(Socialstyrelsen, 2014)(Riksdagen, 2019).

Det är inte ovanligt att personer har en kombination av ADHD och diagnos autismspektrumtillstånd, Ast. På flera sett är ADHD och Ast varandras motsatser. Personer med ADHD söker ofta kontakt med andra. De är ofta spontana, impulsstyrda och dramatiserande. De kan lätt hamna i

19

missbruk och rökning, medan personer med autismspektrumtillstånd, Ast har lägre risk än genomsnittet att hamna i missbruk och gör sällan det. Personer med Ast, har ofta fokus på detaljer, är socialt tillbakadragna, och ofta principfasta och väljer sina ord noggrant. Att organisera, planera och att genomföra uppgifter har ofta båda dessa grupper svårt med och kan behöva stöd och hjälp för att få sin vardag att fungera(Sjölund & Bejerot, 2009, s. 149).

Om man som vuxen funderar över om man har ADHD, så kan man vända sig till primärvården. Läkaren kan skriva en remiss för utredning av diagnos inom den specialiserande sjukvården. På Socialstyrelsens hemsida, så kan man läsa mer om hur en utredning kan gå till(Socialstyrelsen, 2014).

Det finns stöd att söka från kommunen, om man har barn som har ADHD. Det kan man läsa mer om på Habilitering & Hälsa(2019).

Det finns tips att få för föräldrar hos ADHD-center. Om man exempelvis ska ansöka om omvårdnadsbidrag, kan man läsa om på Habilitering & Hälsa(2019).

Autism
Sjölund & Bejerot(2009, s.8) skriver om autismspektrumtillstånd, Ast. Ast kännetecknas av att personen kan ha begränsningar vid lek, intressen, social fantasi, vid ömsesidig social kommunikation. De skriver att man måste ta hänsyn till om personen också har andra diagnoser, exempelvis intellektuell funktionsnedsättning. De beskriver att personer som har autismspektrumtillstånd har avvikelser i olika hjärnfunktioner. Det innebär att personen kan ha svårt att hantera information, det påverkar hur personen upplever sinnesintryck omkring sig, även hur personen förstår och tolkar sammanhang och hur personen ska lösa problem. Vidare kan personen ha svårt att planera och organisera sin vardag. De menar att personer med Ast har olika svårt med förändringar och att vara flexibla, vilket inte beror på att de inte vill, utan att de har en bristande förmåga. De jämför det med

20

att vara färgblind. Ingen förväntas att kunna träna bort färgblindhet. De menar att beteendet hos en person med Ast inte beror på uppfostran, utan har att göra med avvikelser i olika hjärnfunktioner.

Sjölund & Bejerot(2009, s. 31) beskriver de motoriska svårigheter som en person med Ast kan ha. Det kan innebära att personen har svårt med sin kroppsuppfattning, att samordna sina muskler och att få sina båda händer att samarbeta. Personen kan behöva utföra sina aktiviteter och dagliga sysslor steg för steg, för att klara av att koncentrera sig på varje moment, vilket tar mycket energi och är uttröttande. Vidare så skriver de att personer med Ast ibland beskylls orättvist för att vara lata, då de inte vill utföra vissa aktiviteter.

För att få diagnos autism, så ska personen ha symtom som är tydliga och visar att man inte kan klara av vardagen, när man jämför med andra i samma ålder. Personen ska uppvisa stora svårigheter i kommunikation med andra, vid olika situationer. Personen har exempelvis svårt att påbörja ett samtal eller svara på frågor och ogillar socialt samspel. Personen har svårigheter att tolka och förstå gester, ögonkast, en icke verbal kommunikation och att förstå när en person försöker förmedla känslor via ord, uttryck, tonfall, ansiktsuttryck och gester. Personen saknar social medvetenhet, vilket gör att det är svårt att anpassa beteende till situationen. Sociala regler och signaler, kan vara svårt att förstå, vilket inte så sällan medför att personen kan ha svårt att få nya vänner och svårt att behålla gamla barndomsvänner. Andra symtom kan vara att personen har stereotypa och repetitiva beteenden. Personen upprepar då samma rörelser, samma lek och samma fras. Många är rutinbundna eller har ritualer, vilket kanske inte alla förstår sig på. Personen har ofta svårt med förändringar och svårt att tänka flexibelt(något jag tidigare varit med om i en viss miljö, kommer säkert hända när jag kommer dit nästa gång). Personen kan ha svårt att avbryta en aktivitet och har ofta starka och ensidiga intressen(Dahlgren, 2019, s. 30-31).

Dahlgren beskriver vidare att det är viktigt att veta vad för svårigheter en person med autism har och vilket stöd personen behöver, för att förstå och kunna bemöta personen på ett bra sätt. Det beskriver han i en förklaringsmodell. Modellen består av sju olika grundperspektiv. Perspektiven är:
1: Symtom. Det är viktigt att veta vilka symtom personen med diagnos autism har.
2: Typisk utveckling. Man får fundera över vad man kan förvänta sig att personen ska klara av i en viss utvecklingsnivå och ålder.
3: Energiläckage. Många gånger har omgivningen svårt att se och kan då inte heller förstå, om en person har slut på sin energi. Många med autism blir mycket trötta då de behöver använda mycket mer energi i olika situationer som personer utan autism inte behöver göra.
4: Kommunikation. Här brister det för många, vilket kan leda till att det blir konflikter mellan personer som har autismspektrumtillstånd.
5: Samsjuklighet. Personer med autism har ofta andra diagnoser eller sjukdomar som kan vara svåra att identifiera, vilket kan påverka deras beteende och humör.
6: Perception. Det handlar om hur en person med autism kan ta emot, sortera och förstå sinnesintryck.
7: Kognition. Kognition rör tre olika förmågor. Theory of Mind, svag central koherens och exekutiva funktioner. De här områdena är viktiga för att personen ska kunna förstå och anpassa sig i vardagen(2019, s. 32-33).

Kapitel 3: Perception(sinnesintryck) & Kognition: Theory of Mind, svag central koherens, exekutiva funktioner

I det här kapitlet vill jag skriva lite om perception och kognition, eftersom många med autism kan ha svårt inom dessa områden, vilket även jag har. Att ha perceptionsstörningar och kognitiva svårigheter kan påverka vardagen mycket. Personen kan bli hjälpt av förståelse, rätt bemötande och exempelvis tydliggörande pedagogik. Jag ska beskriva lite kort om båda begreppen, utifrån teoretiska källor, där författarna är insatta i de olika begreppen.

Jag vill börja med att ge några beskrivningar på svårigheter och situationer som kan uppstå för mig och som har hämmat mig i livet.

Jag har svår Auditiv perceptionstörning och upplever själv att jag har dålig hörsel och vill ofta spola öronen. Jag har gått till läkaren många gånger och kontrollerat hörseln och det har inte varit något märkbart fel på min hörsel. Jag är extremt ljudkänslig för vissa ljud och ljud i vissa miljöer. Jag klarar inte att åka bil på motorvägen på grund av bullret från däck och motor. Jag har tinnitus, som har blivit värre med åren och lider av att det ibland ljuter i öronen. Jag har flera gånger flytt ut från butiker, då larmen i butikerna har gått av misstag. Vid något tillfälle kunde inte personalen i butiken stänga av larmet som höll i sig under flera minuter. Under de minuterna så ökade stressen hos mig, så jag fick till slut fly ut från butiken, utan att klara av att genomföra mitt köp. Morsan och Gurra fick hjälpa mig ut och hjälpa till att handla klart. Jag upplevde oljud en kväll, när jag bodde i min servicelägenhet, när grannarna hade fest. Ljudet från basen dunkade i golvet och väggarna. Till slut stod jag inte ut och fick följa med Gurra och morsan hem till dem. Jag klarade inte av att stanna kvar i mitt hem. Morsan och Gurra hade köpt många olika hörlurar och det har varit svårt att hitta passande hörlurar för mig. Jag klarar inte heller av att för många pratar på en gång, då kan jag inte höra och sortera ut vad den jag pratar med säger. Morsan och Gurra väljer dag och tid för att besöka butiker, anpassar sociala sammanhang, där det inte är för många personer på en gång.
Jag har svårt med lukt och smakperception. Jag kan bara dricka ett visst märke på mjölken och känner direkt om det är ett annat märke och kan inte dricka mjölken då. Om morsan köper fel märke på vitt formbröd, så äter jag inte. Skivorna får

inte vara för stora. De får inte heller rostas för hårt eller för lite. Det här har blivit värre med åren och nu behöver allt jag ska äta, vara av rätt märke. Jag kan inte heller äta maten om det är fel konsistens. Om den som har lagat maten har gjort potatismoset på fel sätt, så äter jag inte. Potatismoset upplever jag ibland är för torrt eller för klumpigt. Maten får inte vara för bränd och hård. Kött är för hårt. Jag är begränsad i vad jag kan äta. Det är inte för att jag vill vara krånglig, jag kan helt enkelt inte äta om fel känsla uppstår.

Jag har svårt med Exekutiva funktioner. Jag kan inte planera, organisera och har svårt att skifta uppmärksamhet och svårt med simultanförmågan. Om jag gör en sak, så måste jag få avsluta det i min takt, innan jag påbörjar nästa sak. Oavsett om det gäller dusch, måltider, data spel, borsta tänderna eller någonting annat. Jag behöver stöd i att komma igång med att äta, städning, handling, åka på läkarbesök, eftersom jag inte kan komma igång själv och jag har svårt att avsluta aktiviteter. Jag behöver stöd både med att påbörja och avsluta aktiviteter. På grund av att jag är ljud och ljuskänslig, så har jag svårt att använda hjälpmedel som låter eller som lyser och blinkar. Jag har svårt att organisera och hålla ordning på kläder. De hamnar utspritt i lägenheten på olika möbler. Jag har svårt att veta om kläderna är rena eller smutsiga. Jag vill ha rena kläder och säger att de behöver tvättas om jag är osäker på om de är rena eller smutsiga. Därför blir det mycket tvätt. Jag har svårt med minnet och med tidsuppfattning och vet inte alltid om det är natt eller dag. Jag kan läsa av hela timmar på en analog klocka, men kan inte läsa av digital tid. Jag har svårt med abstrakt tänkande och säger oftast nej till att följa med på saker som jag inte har gjort tidigare, om jag inte får förklarat ordentligt vad som ska hända. Jag har svårt att se helheten, men ser oftast detaljer i olika miljöer. Om det är en lugn miljö, så kan jag fokusera och säga vad jag observerat. Exempelvis om någon har nya glasögon eller en fin klocka eller köket har nya dörrknoppar. Men om det är en stökig miljö, så går allt ihop som en gröt och jag ser och hör ingenting. Jag har mycket svårt för förändringar. Att få en ny möbel kan vara jätte jobbigt. En gång när Gurra stod i vardagsrummet och skruvade ihop en ny tv-bänk som de köpt för att jag skulle ha den i mitt rum, så sa jag till honom: – bara så att du vet, så kommer inte den där bänken in i mitt rum... Gurra och morsan har lite speciell humor, för de skrattar ofta åt mina kommentarer och säger samtidigt något roligt tillbaka. Då skrattar jag också. Som alltid så fick Gurra och morsan komma på en idé om hur möbler och annat skulle komma in i mitt rum och även hur de kunde hjälpa mig i övergångar vid andra förändringar. Tv-bänken kom in i mitt rum. Jag tror jag var sur en halv dag. Sen fick jag medge att den nya tv-bänken var mycket bättre än den gamla. Det här var ändå bara en liten förändring.

Sjölund & Bejerot(2009, s. 117), skriver att personer med Ast, kan ha svårt att inta sina måltider. Många har en annorlunda sinnesupplevelse och kan då ha svårt att äta. Det händer speciellt om det är många hörsel och synintryck i den aktuella miljön. Personen kan uppleva det svårt att äta om konsistensen och lukten upplevs vara motbjudande. Personen kan ha vårt att tugga maten om denne upplever stress och har en annorlunda känselperception.

Dahlgren(2019, s. 32-33), förklarar perception med att det handlar om hur en person med autism kan ta emot, förstå och sortera sinnesintryck. Han beskriver att kognition rör tre olika förmågor. Theory of Mind, svag Central koherens och Exekutiva funktioner. Att det är de områdena som är viktiga för att personen ska kunna anpassa sig och förstå sin vardag.

Sjölund & Bejerot(2009, s. 42-43), förklarar vad det kan innebära när man har nedsättningar i exekutiva funktioner. De menar att man kan ha svårt att exempelvis planera, organisera och skifta uppmärksamhet, även att utvärdera, vara flexibel och att man kan ha ett mindre bra arbetsminne. De skriver också att det inte är så ovanligt att man har svårigheter med tidsuppfattningen. Vidare menar de att en person med Ast, ofta har bristande simultankapacitet, vilket gör det svårt för dem att ha "flera bollar i luften". De fortsätter beskriva hur en person som har svårt att orientera sig i rummet, lätt kan komma av sig och även kan ha svårigheter att minnas och utföra vissa uppgifter.

Eriksson & Wolff(2019, s. 6), skriver om perception. Att det är hur man förstår och känner sinnesintryck. Det kan röra sinnen som: syn, hörsel, lukt, smak och känsel och hur vi uppfattar smärta, värme/ kyla, riktning/ rörelse och kroppens läge. Vi har också intryck som vi kan känna inifrån vår egen kropp. De skriver vidare att det kan bero på många olika saker hur vi uppfattar sinnesintrycken. Exempelvis kan det bero på olika känslighet, vår dagsform. Även vilken förmåga vi har att förstå, tolka och tala om det vi upplever. En del personer är känsligare för vissa lukter än andra. En del har svårt med starkt ljus. Perceptionen påverkas många gånger när man är trött eller stressad och då får man ofta en ökad känslighet för intryck.

Vidare skriver Eriksson & Wolff(2019, s. 6) att det är vanligt att personer med Neuropsykiatriskfunktionsnedsättning, NPF, har annorlunda perception. Personen kan då känna vissa sinnesintryck starkare eller svagare, än vad många andra gör. Ibland mycket starkare eller svagare. En del kan få en upplevelse av förvrängda intryck och det kan vara svårt för personen att förstå vad hen upplever. Personen kan ha svårt att samordna sina intryck, från flera sinnen på en gång. För den som har en annorlunda perception, kan det innebära stora svårigheter i vardagen. Det kan vara svårt att stänga ute starka sinnesintryck och det kan leda till att personen överväldigas av intrycken. I det fallet, har personen svårt eller kan inte alls fokusera på något annat. Om personen har svaga sinnesintryck, så kan personen försöka kompensera med något annat sinne. Oavsett om personen har ett starkt eller svagt sinnesintryck, så kan det leda till att personen beter sig på ett annorlunda sätt. Det är viktigt att ta reda på hur en person upplever sinnesintrycken, för att kunna ta hänsyn till och kunna hjälpa personen, med att på ett bra sätt anpassa miljö och omgivningen.

Eriksson & Wolff(2019, s. 6-7), ger exempel på olika beteenden, som kan visa sig, när en person upplever sinnesintryck mycket svagt eller mycket starkt. En del personer har kanske bara något enstaka beteende, medan andra kan ha flera olika beteenden. Hos en del så visar sig beteendet tydligt och får stora konsekvenser i vardagen, medan andra märks det inte lika tydligt på.

Syn (visuell perception)

Personer som upplever en annorlunda visuell perception kan ha lättare att uppmärksamma små detaljer. De kan titta ingående på människor och saker, fascineras av starka färger, reflexer eller saker i rörelse. En del blir skrämda av eller försöker undvika starkt ljus eller mörker och kan då titta bort eller blunda. Vid svag visuell perception, kan personen titta på saker eller människor, utan att ta bort blicken och även känna på föremål, för att få en bild av dem.

Hörsel (auditiv perception)

När en del personer som har en annorlunda auditiv perception, kan de dras till olika ljud, om de har en svag auditiv perception. Personen kanske söker upp platser med mycket ljud och lägger kanske örat mot en högtalare, tvättmaskin eller gör egna rytmiska ljud. De kan dras till folksamlingar och trafikerade gator. Medan andra istället försöker undvika ljud. De håller för öronen och försöker ta sig bort ifrån platser där det finns mycket ljud och oljud. De kan också ha svårt att sova, om de har en stark auditiv perception.

Känsel (taktil perception)

Vid en annorlunda taktil perception kan personen tycka om att ha på sig tighta kläder eller tycker om tryck och kan då försöka hitta tryckkänsla genom att kramas hårt eller ta sig in under tunga saker. En del personer kan ha svårt att känna kyla, värme och smärta. En del kan ha tendens till självskada. Vissa personer har svårt för beröring, kan tycka att sömmar, lappar i kläder och ett visst material är obehagligt. Kan ha svårt att ha på sig nya kläder. En del kan ha svårt att äta mat av viss konsistens och andra tycker inte om att bli kladdiga.

27

Lukt och smak (olfaktorisk och gustatorisk perception)

Vissa personer upplever smaker och dofter på ett annorlunda sätt. De kan då smaka eller lukta på föremål eller på andra människor eller sig själv. En del tycker om starka dofter och smaker. De som är känsliga drar sig istället gärna undan och kan försöka hålla avstånd till andra människor och de bär gärna samma kläder. Kan ha toalettproblem. En del äter mycket restriktivt och lite, medan andra kan äta vad som helst, även det som inte alltid är lämpligt. En del kräver speciell mat, för att kunna äta.

Riktning och läge (vestibulär perception)

Vissa personer tycker rörelseaktiviteter som gungor och rutschkanor är obehagliga. De kan ha svårt att gå på ojämnt underlag. Det kan vara skrämmande när man lyfter upp fötterna från marken. Andra kan istället dras till karuseller och gungor och tycka om att gunga och snurra runt.

Kroppens läge och andra intryck inifrån kroppen (kinestetisk och proprioceptiv perception)

När en person inte kan tolka kroppens signaler, så kan det vara svårt att identifiera behov som att gå på toaletten, äta och dricka. När vissa personer har en bristande känsla och inte kan känna var kroppen finns "i rummet", så kan personen lätt tappa saker, snubbla och knuffa till andra. En del gungar fram och tillbaka.

De menar att ha en annorlunda perception, ingår som en del av autism. Det påverkar tänkande, samspel och det allmänna vardagsfungerandet för personen. Även andra personer kan i mindre eller större grad ha en annorlunda perception.

Eriksson och Wolff(2019, s. 9), beskriver vad kognition är. De menar att kognition handlar om hur man kan ta till sig och hanterar kunskap, lärande och information. Kognitionen innefattar uppmärksamhet, minne, tänkande, medvetande, språk, beslutfattande, problemlösning och lärande. Vidare skriver de att begåvning(intelligens) är en grund för vilka förutsättningar en person har för att utvecklas och för att kunna utöva olika färdigheter. En del har begåvning inom flera områden. Begreppet begåvning, används ofta för att beskriva om en person har förutsättning för att tänka ut en problemlösning, så som att tänka abstrakt, förstå relationer, lärandet, anpassa sig efter situationen och att använda egna erfarenheter. De menar att oftast är det en psykolog som utför mätningar av begåvning. De använder standard tester, som kan se lite olika ut. Bland annat så tittar de på icke språkliga och språkliga förmågor och om personen kan beskriva och förklara ord eller så kan de be personen para ihop bilder som hör ihop med varandra.

Eriksson och Wolff(2019, s. 10), skriver att det svåra med att han en svagare begåvning ofta är att förstå abstrakt tänkande. Vilket innebär att det är svårt att föreställa sig saker, en situation som man inte ser(konkreta saker). Exempelvis så kan personen ha svårt att generalisera, från ett sammanhang till ett annat sammanhang eller från egna erfarenheter till andras erfarenheter. Att förstå att det som gäller för mig, gäller även för andra människor. Även förmågan att föreställa sig och förutse, saker som inte hänt, kan vara svårt. Vid ett konkret tänkande, så tänker man här och nu. Då är det svårt att kunna tänka sig, vad man ska göra och vad handlingen för med sig för konsekvenser. En planering är svår att göra, när man inte kan se målet framför sig eller vad man kan välja för alternativ. Ju större erfarenheter en person har, så är det på sikt lättare att få en bild och kunna föreställa sig vilka alternativ man kan välja. De skriver vidare att språket, som är abstrakt, kan bli för svårt, om man tänker mycket konkret. Då kan man behöver bilder och föremål, som kan underlätta kommunikationen. Om man har en förmåga att generalisera, så underlättar det att använda kunskaper, erfarenheter och att dra slutsatser. Vid svag begåvning, behöver personen mer tid att lära sig och ett konkret material. Personer som har NPF, neuropsykiatrisk funktionsnedsättning, har ofta en ojämn begåvning. De kan vara duktiga på en uppgift och inte klara av en annan liknande uppgift. Ibland kan personen klara en uppgift, men vid nästa tillfälle, så kan personen inte utföra samma uppgift. För omgivningen kan det då vara svårt att ha rätt förväntningar och hitta rätt nivå för krav. Överkrav för personer med svag begåvning, kan leda till beteendeproblem. Likaså så menar de att de personer som har en hög begåvning också behöver krav på en lagom nivå, annars kan det leda till understimulans, som kan bidra till stress, frustration, påverka motivation och självbild.

Exekutiva funktioner
De exekutiva funktionerna beskriver Eriksson & Wolff(2019, s. 12), som hjärnans dirigent. De förklarar att funktionerna är som ett paraplybegrepp, för aktiviteterna i hjärnan(kognitiva processer), som är viktiga för en aktiv och viljestyrd reglering av känsla, tanke och beteende. Oftast nämns impulskontroll, uppmärksamhet, organisering och planering, arbetsminne, flexibilitet, att initiera och genomföra aktiviteter, som exekutiva funktioner. De exekutiva funktionerna är avgörande för hur vi kan styra oss själva, hur vi kan planera en aktivitet eller en uppgift, kan vi arbeta målinriktat och slutföra det vi påbörjat. En svag förmåga till uppmärksamhet och självreglering kan påverka personens förmåga att resonera och tänka flexibelt. Det kan vara svårt att lära sig nya saker och även att interagera på ett meningsfullt sätt med omgivningen. Personer som har NPF, har ofta svårigheter med exekutiva funktioner. Personer med ADHD/ ADD, har ofta också svårt med arbetsminne, att ta initiativ, att planera och impulskontroll. Personer med autism kan ha svårt med att vara flexibla och att planera.

Eriksson & Wolff(2019, s. 13), vill belysa tre aspekter av exekutiv funktion. Det är inhibition, arbetsminnet och kognitiv flexibilitet. De fungerar som en bas, till de exekutiva funktioner som är mer sammansatta, så som problemlösning, planering och svåra resonemang. De skriver att inhibition, är förmågan att kunna motstå en inre drift eller en frestelse som kommer utifrån. De skriver vidare om arbetsminnet, som är en förmåga att bevara information i minnet och på en gång kunna bearbeta informationen mentalt. Arbetsminnet hjälper oss att förstå vad det är för mening med det talade och skrivna språket och att koppla ihop idéer med varandra. Även att bryta ner problem i mindre delar. De skriver att Kognitiv flexibilitet eller skiftning, är när vi har en förmåga att skifta perspektiv, att kunna anpassa oss till nya förutsättningar och att växla mellan detaljer och helhet. Den förmågan är den som utvecklas sist av de centrala exekutiva förmågorna. De bygger på inhibitions- och arbetsminnesförmågorna.

Central koherens

Eriksson & Wolff(2019, s. 14), skriver om Central koherens, som är en annan kognitiv förmåga, som brukar komma på tal, när man pratar om autism. Vilket betyder centralt sammanhang. En grundläggande drivkraft hos människan är att försöka ordna tankar, upplevelser och tankar till meningsfulla helheter. Vi är olika bra på det. En del ser detaljer bra, men inte helheten. Då ser personen kanske inte "skogen för alla träd" eller kanske inte när människor står på rad och har bildat en kö eller att ansiktsmuskler ändras på en person, som bildar en viss min. En teori är att personer som ser detaljer tydligare än helhet har en särskild perceptuellkognitiv stil. Efter att man observerat detta med central koherens så visar det sig att många personer med autism är bra på visuella uppgifter, men inte lika bra på att resonera språkligt. Om personen vet vad denne ska titta efter, så kan personen se helheten. Svårigheterna med central koherens ligger mer i det sociala/ kommunikativa, språkliga, än i det perceptuella. De här personerna har inte så stort stöd av den helhet som en berättelse eller ett sammanhang utgör. De skriver vidare att man kan se på det utifrån exekutiva funktioner, som att central koherens är att ha en förmåga att planera och organisera eller flexibilitet: att växla mellan del och helhet.

Socialt samspel

Eriksson & Wolff(2019, s. 20), beskriver utgångspunkten för socialt samspel som en ömsesidig process, vilket innebär att man ger och tar på ett anpassat sätt. För personer med NPF är denna ömsesidighet ofta svår. För personer inom autismspektrat är det ett av diagnoskriterierna. Det krävs att båda samspelsparter har en viss uppfattning om vad den andra parten vet, förstår och kan, för att en ömsesidighet ska kunna växa fram. Den här förmågan kallas Theory of Mind eller mentaliseringsförmåga.

Theory of mind och gemensamt uppmärksamhetsfokus
Eriksson & Wolff(2019, s. 20), menar att mentaliseringsförmåga innebär att man kan tillskriva den andre partern inre mentala tillstånd så som avsikter, önskemål, övertygelser, kunskaper och även förmågan att låtsas.
Det betyder att man har en förståelse för att den andra personen inte upplever samma sak som mig, även om vi är i samma situation. Man behöver ha gemensamt uppmärksamhetsfokus(joint attention), för att man ska kunna utveckla en mentaliseringsförmåga. Att ha ett gemensamt uppmärksamhetsfokus betyder att man samordnar sin uppmärksamhet tillsammans med en annan människas uppmärksamhet mot samma sak. I det första stadiet, för att utveckla detta är förmågan att känna igen och att hålla kvar ögonkontakten. I nästa stadium kan man växla mellan ögonkontakt och att titta på samma sak som den andra. Det är det första uppmärksamhetfokuset som barn brukar uppleva efter tre månaders ålder. Därefter följer förmågan att peka på något man vill ha(imperativ pekning)"ge mig skeden" senare peka på något där man vill dela uppmärksamheten med någon(deklarativ pekning)"titta lampan".
Uppmärksamhetsfokus är viktig för utvecklingen av mentaliseringsförmåga, men också för språkutvecklingen. En del personer, men inte alla inom autismspektrum har svårt med gemensamt uppmärksamhetsfokus.

Salutogen teori och KASAM
Hanson(2015, s. 115) berättar om Aaron Antonovsky, som är en forskare inom medicinsk sociologi. Han nämner att Antonovsky ville studera hälsa, det vill säga det friska(salutogenes), istället för ohälsa, det sjuka(patogenes). Hanson(2015, s. 116), berättar att Antonovsky ställde följande fråga till sig själv: hur kan hälsan förbättras och bevaras. Han

kom fram till svaret, efter att han forskat i ämnet. Antonovsky formade en teori utifrån sitt svar, som han kallade Sense of coherence, på svenska Känsla av sammanhang (Kasam). Hanson(2015, s. 117), berättar om den framforskade teorin, att den består av tre dimensioner, vilka är:
Begriplighet, det kognitiva, det intellektuella som visar på om man förstår och om man kan överskåda och tolka sitt sammanhang.
Hanterbarhet, det menas med om man praktiskt har förmåga och möjlighet att klara av och påverka de olika situationer man kan hamna i.
Meningsfullhet, innebär den affektiva och känslomässiga biten, vilket innebär att man kan känna värde i det man gör, ett värde i sig själv och i andra och att man har förmåga att agera och gå vidare.

Kapitel 4: Lagar
Det finns en del lagar, som ska medverka till att vi som har ett funktionshinder ska få ett bra liv. Här följer några lagar.

En lag är LSS – Lagen om Stöd och Service till vissa funktionshindrade.

LSS är en rättighetslag. Den som tillhör lagens personkrets har rätt att få beviljat en del av de insatser som ingår i lagen, utifrån sina behov och om personen inte får behoven tillgodosedda på annat sätt(Larsson och Larsson, 2019, s. 11). 1§ LSS, beskriver vilka personer som har rätt att få beviljade insatser utifrån lagen. Här anges de tre personkretsarna. För att få insatser enligt LSS, så behöver personen ingå i någon av dessa personkretsar.

Personkretsarna är:
1§ LSS: Denna lag innehåller bestämmelser om insatser för särskilt stöd och särskild service åt personer

1. med utvecklingsstörning, autism eller autismliknande tillstånd.

2. med betydande och bestående begåvningsmässigt funktionshinder efter hjärnskada i vuxen ålder föranledd av yttre våld eller kroppslig sjukdom eller

3. med andra varaktiga fysiska eller psykiska funktionshinder som uppenbart inte beror på normalt åldrande, om de är stora och förorsakar betydande svårigheter i den dagliga livsföringen och därmed ett omfattande behov av stöd och service(Larsson och Larsson, 2019, s. 23).

I 6§ LSS, står att de verksamheter som arbetar med LSS som grund, ska samarbeta med de aktörer som är aktuella, så som myndigheter och andra samhällsorgan. De ska vara av en god kvalitet. Individens självbestämmande och integritet ska respekteras. Det ska alltid verksamheten ta hänsyn till. Individen ska få möjlighet till inflytande och medbestämmande över sina beviljade insatser, i den utsträckning det går. Verksamheten har ansvar att kontinuerligt vara vaksam över att kvaliteten utvecklas och är säkrad. Verksamheten ska bistå med personal som ska ge ett gott stöd, god omvårdnad och en bra service(Larsson och Larsson, 2019, 2. 39).

Man kan läsa i 7§ LSS, att individen ska ha rätt att få beviljade insatser, som ska vara anpassade efter den enskildes personliga behov, för att få goda levnadsvillkor(Larsson och Larsson, 2019, s. 43).

Myndigheten för delaktighet, MFD(2020), skriver om de rättigheter som den enskilde med funktionsnedsättning har, i FN´s konvention. I artikel 3, kan man läsa om de Allmänna principerna, som genomsyrar konventionen. Principerna är bland annat: icke-diskriminering, jämställdhet, individuellt självbestämmande, tillgänglighet, lika möjligheter, respekt för olikheter, inkludering och deltagande i samhället.

Kapitel 5: Brev till min familj.
Jag vill börja med att skriva till min familj. Jag förstår er och vill tacka för allt ni har gjort för mig. Även till släkt och personal. Det har funnits änglar i mitt liv, annars hade jag inte levt idag.

Jag är tacksam för den familj jag har. Utan dem hade jag inte klarat livet. Jag vet att de har genomlidit mer än jag själv har gjort många gånger, när de kämpat för min rätt, för att jag ska få ett bra liv. Eftersom jag inte själv kan föra min talan direkt till myndigheter och inte heller till personal som jag inte känner ordentligt, så har min önskan varit att morsan och Gurra ska göra det. Jag vet att det blivit missförstånd flera gånger. Att de inte blivit betrodda. Jag har sett deras smärta, deras trötthet, deras röda ögon efter gråt. Jag har sett hur de samtalat och växlat från sorg till glädje när de får syn på mig. Hur deras viskande tystnar i dörren. Jag vet deras kamp. Den har pågått hela mitt liv.

Det har funnits änglar på vägen, som förstått. Änglarna på Habiliteringen, ledsagaren, kontaktpersonen, ibland en lärare på skolan, ibland en handläggare, ibland några släktingar, morsan och Gurras vänner, en hemtjänst personal, ibland en boendepersonal.

Inte alla som jobbat med mig, men en del har visat mig förståelse och respekt, men det vet jag att morsan och Gurra inte alltid fått. Det smärtar mig, för jag vet hur de kämpat för mig. De har alltid sagt som det är, "fört min talan". Utifrån min önskan. De har gjort det gratis och utan att klaga på mig eller till mig. De har fått hålla i alla kontakter och utredningar.

Morsan och Gurra har oftast förstått mig. När jag varit rädd, deprimerad, orolig och stressad. De har anpassat åt mig, för att sätta dem själva åt sidan. De har gjort det för min skull. Det ända de vill är att jag ska må bra. De får mig oftast att må bra. Men ibland går det inte, för den inre känslan i mig är för tung. Jag har varit med om mycket. Ibland för mycket, över min gräns. Många förändringar. Många nya människor i mitt liv. När de inte lyckats få mig glad, ser jag bedrövelsen i deras ansikten.

Jag önskar att jag fungerat annorlunda. Att jag hade klarat mig själv. Att jag fick sova ordentligt. Att jag hade klarat att jobba och tjäna mina egna pengar. Att jag hade kunnat fortsätta att åka på semestrar, som förut. Att jag hade kunnat äta all sorts mat. Att jag hade vänner och pojkvän och skulle få en egen familj. Att jag skulle kunna avskärma det jag ser på nyheter och läser på internet, så jag inte blir rädd och orolig.

Om jag hade kunnat så hade jag ändrat på mig. Tagit bort tinnitus och all känslighet jag har. Ibland känner jag mig som en börda. Jag vet att morsan och Gurra är låsta, för de måste hjälpa mig hela tiden. Just nu finns bara dem och kontaktpersonen, med några få timmar i månaden.

När vi var små, fick morsan frågan av en person om hon inte kan ta hand om sina barn. Hon fick höra att hon borde hålla oss barn hårdare och sen fick hon höra av samma person, att hon borde släppa oss mer fria. Då fick hon ett intyg från en klok barnläkare som var specialist på funktionshinder, där det stod att diagnoserna inte beror på uppfostran. Intyget gav morsan till personen som klagat på henne. Sen blev det tyst.

Anhöriga får höra mycket och de får oftast råd av personer som inte förstår. Anhöriga får bära på tunga bördor. Morsan har burit mycket mer än vad jag har behövt göra. Det är jag tacksam för. Hon har inte belastat mig. Ställer inga krav, när jag inte orkar. Hon står ut när jag ber henne sluta tjata. Hennes tjat handlar oftast bara om att jag ska duscha eller äta. Men jag är ofta trött och då blir det "tjat" för mig. Men hon läser av mig. Hon säger inget mer. Jag ser sorgen i hennes ögon ibland, även om hon försöker se glad ut. Hon har burit mycket.. jag förstår inte hur.
Gurra har också burit mycket. Han är inte ens min pappa. Men han är en av de personer som förstått mig bäst. Han tjatar aldrig. Han skojar alltid och vi har kul ihop. Men han ser också trött ut många gånger. De börjar bli äldre nu. De fick ofta höra att jag borde flytta hemifrån. Och de fick höra att jag borde komma ut mer. De har fått många goda råd. Men ofta säger människor saker, utan att veta hur det egentligen ligger till. De menar säkert väl. Men vet inte alltid hur det kan vara för oss som har autism eller någon annan funktionsnedsättning. Morsan och Gurra är dem som har tagit med mig ut mest, som

har åkt på utflykter och semester med mig. De har följt med till läkare och tandläkare och annat som jag tycker är jobbigt. Jag kom också ut mycket när jag hade både ledsagare och kontaktperson.

Om jag inte varit så känslig, så hade allt varit lättare. Det jobbiga är att min känslighet ökat med åren. Jag har ett tungt paket att bära. Det är först det senaste året, som mitt liv varit lite lugnare. Innan det, så har jag hela tiden varit tvungen att lära känna nya personer i mitt liv, som ska hjälpa mig. Det är morsan och Gurra som ska försöka hitta lösningar åt mig. Jag har varit med på flera möten med handläggare och myndigheter, men jag tycker det är jätte jobbigt. Jag klarar inte att lyssna, förstår ibland inte vad de säger och jag kommer inte heller ihåg vad som är sagt. Jag vet inte heller själv vad jag ska säga. Om de frågar något, så säger jag ja eller nej och det säger inte så mycket. Oftast behövs det förklaringar och dem kan jag inte själv ge.

Jag har fått en massa insatser, men de ändras ofta och personal börjar och slutar. Jag behöver hjälp och stöd från morgon till kväll. Det har inte varit lätt att få till. När det kommer många olika personal blir jag stressad. Därför har morsan och Gurra försökt ha så lite personal hemma som det gått. Jag förstår att de också är trötta efter att först ha jobbat på sina jobb och för att sedan hålla kontakt med myndigheter och lära känna personal och förklara min situationen för dem, för att det ska bli bra. De har dem gjort i över 20 år. De har inte fått ha ett "normalt" hem i lugn och ro, eftersom det sprungit ut och in olika människor i vårt hem genom åren. Saker har blivit förstörda och det har försvunnit pengar. De har inte alltid orkat påpeka det. De har fått städa efter andra som varit hos oss. Allt har de gjort utan ersättning. För att jag ska få det bra.

Mina systrar har också fått leva i det här under deras uppväxt. Jag ber om ursäkt till dem, om de ibland fick skämmas för mig som barn. Jag kunde spöka ut mig med olika kläder och såg annorlunda ut ibland. Morsan försökte förstås hjälpa mig, så

38

jag inte gick ut med vilka kläder som helst. Hon skämdes sällan. Men det fanns tillfällen, som blev för mycket även för henne, när jag tog på mig mina favoritkläder, som hon inte var helt förtjust i. Jag har alltid haft svårt med att känna skillnaden på om det är varmt eller kallt ute, så jag tar gärna på mig en varm jacka på sommaren och en t-shirt på vintern. Det kan bli bakochfram för mig. Någon behöver hjälpa mig, så det blir rätt. Ibland låser jag mig och går ut i bakochfram kläder ändå.

Mina systrar är jätte snälla. De skyddade mig ibland när vi var barn. Både mina och deras kompisar var hemma hos oss mycket. Visst fanns det en del av deras vänner som sa något olämpligt till mig, men då fick de höra att de inte kan säga så av morsan eller mina systrar. De flesta av deras kompisar accepterade mig och var snälla, så jag köpte gärna tidningar och godis åt dem, när jag hade pengar. Jag vet det funnits många stunder då mina systrar fått stå åt sidan. Då jag tog hela utrymmet. De fick lida många gånger och mådde inte alltid bra, eftersom vi inte kunde leva som "en vanlig familj". Morsan provade att leva så vanligt som det gick. Innan Gurra kom in i bilden, så drog hon ett tungt lass själv i många år. De perioder som jag var lite lugnare, fick hon lägga mer energi på mina systrar.

Morsan och Gurra är kristna och tror på Gud. Jag tror det är därför de orkat så mycket. De har en massa kristna vänner. Jag har träffat flera genom åren. Så har de musiken. Morsan hade en dag i veckan, som hon repade med sitt rockband under några år. Hon gick till replokalen med tunga steg och kom hem på lätta steg. Det är bra att hon har haft sätt att hitta ny kraft.

Kära familj jag vet er kamp. Den pågår än. Ni har försökt släppa taget om mig. Ni har försökt att få andra att ta över. När inte myndigheter lyssnar och förstår. När anhöriga misstros, så drabbar det oss med funktionshinder hårt. Jag har blivit drabbad hårt. Min familj drabbas minst lika hårt. De är låsta. De kan inte vara hemifrån mer än fyra till fem timmar på raken.

De förlorar inkomst. De förlorar tid. De förlorar relationer och kontakter.

Med mycket hårt arbete från er sida, så flyttade jag hemifrån. Handläggaren visste, boendet visste hur svårt det var för mig att flytta hemifrån. Ändå kunde de inte ge mig rätt stöd, förståelse, hjälp och anpassning. Jag försökte bo kvar, även om jag mådde dåligt. Morsan och Gurra försökte gång på gång att förmedla hur jag mådde och behövde ha det, mina behov, min känslighet. Inget hände. De fick ta över mer och mer och fortsätta hjälpa mig. Till slut fick jag flytta hem igen. Om de inte hade funnits vid min sida hade jag inte levt idag. Nu vill jag inte flytta igen.

Handläggarna säger att de tycker jag ska flytta till ett gruppboende. Jag vill inte. Vem ska förstå mig där? Jag har redan provat ett boende? Det blev fel? På ett gruppboende bor många andra med funktionshinder. Jag klarar inte det. Jag har fått slag, blivit mobbad och klarar inte när någon pratar eller skriker högt och smäller i dörrar. Det har jag redan varit med om. Det räcker. Min erfarenhet är att inte alla personer förstår oss med autism och den höga känslighet som många av oss har, inte ens de som arbetar inom LSS.

Kapitel 6: Bakgrund och uppväxt

Jag har tre yngre systrar, som jag redan har nämnt lite om. Tiffany, Theresia och Tilde. Och en tre år äldre halvbror på farsans sida, som jag bara träffat ibland under min uppväxt. Vi växte upp i en förort till Stockholm. Jag bodde mina första år i ett hus i Stockholms skärgård. En idyllisk och vacker miljö, med mycket natur och stor tomt. Det fanns flera små hus på tomten. Mina föräldrar var musiker på fritiden och hade band ihop. De skrev egna låtar och spelade någon form av pop och rock musik. Jag har sett foton på mig som baby, när morsan och farsan och jag satt framför öppna spisen iklädd tomteluva. De spelade och sjöng julsånger. Det var ett gammalt slitet hus, men såg väldigt mysigt ut. Det finns bilder när jag var ute och lekte på tomten. Morsan och farsan hade stora drömmar om att vi barn skulle få växa upp där. De ville bo på landet, men nära stan. Båda jobbade i stan på den tiden. Förutom musik så höll dem på med att måla, teckna och skriva. De var kreativt och konstnärligt lagda båda två.

De skilde sig när jag var tio år. Jag och syrrorna bodde mest hos morsan, men var hos farsan på helgerna ibland. Farsan träffade någon ny partner och det gjorde även morsan. Hon gifte om sig, när jag var 17 år. Han heter Gurra och är jätte bra, snäll, lugn och rolig.

När jag föddes, så tittade jag sjuksyster i ögonen och fäste blicken direkt. Det har morsan berättat. Det är tydligen ovanligt. Vad jag har hört, så var jag annars som ett vanligt barn. Om man kan säga så. Jag var snäll och enkel att sköta om. Jag pep lite emellanåt, men inte mer än andra. Jag lärde mig gå och prata utan anmärkning. Kanske något senare än andra barn, men det var inget som någon tänkte på eller tyckte var onormalt. Vad nu normalt och onormalt är.

När jag var lite mer än ett och ett halvt år, så var vi tvungna att flytta ifrån huset i skärgården. Det visade sig att det var mycket fel på huset och det hade kostat för mycket pengar att renovera. Elen skulle behöva läggas om och brunnen sinade på sommaren. Tyvärr hade morsan och farsan blivit lurade när de köpte huset och fick sälja med en stor förlust. Farsan hade ibland svårt att sova och blev sjukskriven mellan varven. Jag skulle få mitt första syskon. Morsan och farsan beslöt att sälja och flytta till en lägenhet i en söderförort till Stockholm.

Jag fick två systrar Tiffany och Theresia inom ett par år. Vi var nu tre barn. Morsan och farsan kände sig lite ensamma söder om stan, eftersom de flesta i släkten och vännerna bodde i Stockholms Norrort. Vi hade turen att få en fin lägenhet norr om stan, så alla vi barn kunde få varsitt rum. Jag var nu fyra år. Det var fortfarande ingen som märkt att det var något speciellt avvikande med mig. Jag skrev mitt namn själv och jag ritade fyrfotingar. Jag hade god aptit och åt mycket mat. Morsan har berättat hur farsan blev förvånad när hon visade hur stora portioner mat jag åt. Han blev jätte imponerad av att jag åt så mycket. Han tyckte jag åt "som en hel karl".

Vi barn gick på dagis, som det hette då. Vi fick många barnsjukdomar och ibland fick vi äta penicillin. Vid ett tillfälle, när jag var fyra och ett halvt år, så fick jag äta penicillin två gånger på kort tid. Den våren fick jag diarré. Jag fick gå till läkaren. De tog en massa prover. Jag blev sämre och sämre. Jag fick blod och slem i avföringen och magrade av. På sommaren var vi på semester långt hemifrån och hälsade på farmor och farfar. Vi åkte till sjukhuset där och de tänkte lägga in mig på sjukhuset. Vi hade tågbiljetter och skulle åka hem till Stockholm någon dag senare. Sjukhuspersonalen rekommenderade att vi skulle åka till sjukhuset så fort vi kom till Stockholm. När vi kom hem, så packade morsan väskan åt mig. Farsan och jag åkte till sjukhuset. Morsan var hemma med mina småsystrar. Jag och farsan kom hem efter några timmar. De la inte in mig på sjukhuset.

Tiden som följde var inte så lätt för mig eller mina föräldrar. De åkte mellan jobb och sjukhuset med mig. Det var på sensommaren. Jag hade haft diarré i över tre månader. På ett sjukhus konstaterade de gluten allergi. Morsan började köpa gluten fri kost och baka speciellt bröd till mig. Jag fick den kosten i en månad. Magen blev inte bättre. Läkaren sa då att vi skulle testa laktos fri kost också. Då blev morsan upprörd och ville inte att de skulle experimentera mer med mig. Sen kom en annan läkare in i bilden, som blev ändå mer upprörd och undrade varför jag fått gluten fri kost. Jag fick göra en gastroskopi. Det visade sig att jag varken var gluten eller laktos intolerant. När jag hade haft diarré i sex månader och precis fyllt fem år, så kom läkarna fram till att diarrén var orsakad av för mycket penicillin och att bakterie floran i tarmen slagits ut. Jag fick en medicinkur på tre veckor och diarrén försvann.

Som om det var slut på problemen där. Nej, det var här det började. Från ingenstans, så fick jag något konstigt annorlunda beteende, som jag inte haft tidigare. Jag vaknade tidigt på morgonen eller snarare på natten. Jag började plocka ut saker ur skafferiet och skulle baka, så det skvätte överallt. Eller så tog jag fram målarfärger och målade, vilket kom utanför och överallt. Morsan blev trött, men aldrig arg. Hon fick gå upp och städa, innan hon gjorde iordning oss barn, lämnade på dagis för att sedan åka till jobbet.

Hon har bara blivit arg ett par gånger på alla år. Konstigt med tanke på vad alla vi barn hittade på ibland. Även om jag var det första barnet och hon inte hade något att jämföra med, så tyckte hon inte mitt beteende verkade så vanligt. Hon kontaktade PBU, tror jag det hette då. Det skulle sedan kallas för BUP, Barn och ungdoms psykiatrin. De kom till dagis en gång och observerade mig där. Jag hade blivit tunn som en pinne och hade ingen kraft efter den långa perioden med dålig mage. Jag hade ingen ork på dagis, utan låg mest och tittade när de andra barnen lekte. Jag var mycket för mig själv på dagis. När PBU varit på besök, så märkte de inget speciellt med mig. Ett halvår senare, när jag gjorde fem års kontrollen, så visade det sig att jag hade bland annat motoriska svårigheter och jag fick ställas i kö för utredning på PBU. Under den här tiden, så blev mitt beteende ändå mer märkbart förändrat. Jag hamnade i frustration och jag fick svårt att hålla mitt humör och blev arg lätt. Det hade jag inte blivit förut.

Kapitel 7: Skolor

Jag hann gå en kort tid i en sex års verksamhet, innan vi flyttade och jag fick byta skola. Jag tror vi flyttade till ett lite lugnare område. Innan bodde vi mitt i centrum i en stor förort till Stockholm. Nu flyttade vi lite mer i utkanten av samma kommun.

Jag fick gå två år i sex års verksamheten, i en vanlig skola, där vi var nyinflyttade. Jag fick min första utredning när jag fyllt sju år. Då kom det fram att jag låg på en begåvningsnivå i jämförelse med en fyra åring. När jag var åtta och nio år, så fick jag göra utredningar på Astrid Lindgrens barnsjukhus på Karolinska sjukhuset i Stockholm. Jag låg fortfarande på en utvecklingsnivå som låg ungefär tre till fyra år under det normala för min ålder. Jag fick diagnos svår ADHD, trots syndrom och låg begåvning. Diagnosen autism fick jag först vid 14 års ålder.

Jag kunde inte läsa och skriva. Jag lärde mig skriva mitt namn som fyra åring, men där tog det stopp. Morsan provade också hjälpa mig, men det gick inte. Jag lärde mig skriva och läsa samma månad som jag fyllde tio år. Orden hade liksom fastnat i mitt huvud när jag var fyra år och bara funnits där, men kom inte ut. Orden hade stannat inom mig under några år. När orden väl kunde komma ut, så läste jag jätte bra, skrev bra och hade ett gott ordförråd.

Det goda verbala ordförrådet gjorde att det ofta blev missförstånd. Kraven som ställdes på mig blev ofta för höga. Jag fick inte alltid den förståelsen från lärare och andra medmänniskor som jag behövde. Men det fanns några änglar genom åren. De där änglarna, som såg, förstod och tog sig an mig. En sån ängel hette Anne. Hon jobbade med mig, när jag inte mådde så bra under sex års verksamheten. Hon såg mig och hjälpte mig igenom frustrerande situationer. Vi gjorde roliga saker och pysslade ihop. De där änglarna som jag tyvärr fick lämna eller som lämnade mig, på grund av omorganisering inom skolor, felplaceringar och skolbyten. Jag behöver trygghet och stabilitet. Förändringar är jobbiga.

Jag gick klass ett och halva tvåan, i samma skola som jag gick sex års verksamheten. Jag hamnade i samma klass som min ena syster. Tillvaron var helt förvirrad och jag kunde inte hantera tillvaron eller mig själv. Jag fick dagligen stora utbrott. Jag kastade ner saker från hyllor. Jag var så frustrerad. Jag vet inte varför. Jag bråkade aldrig med någon. Jag slog aldrig

44

någon. I alla fall inte med flit. Jag gick aldrig på någon. Varken barn eller vuxna. Min ena syster var en tufft liten tjej som barn. Om någon var dum mot mig eller någon annan som inte kunde försvara sig, som blev utsatt för mobbing eller slag, då var hon där och gick till försvar. Hon var jätte liten, men orädd. Hon gillade inte orättvisor och ingen skulle vara elak och röra hennes syskon eller vänner.

När jag gick i tvåan, så fick jag börja i en ny skola. Det blev tredje skolan för mig. Jag behöver trygghet och stabilitet. Förändringar är jobbiga.

Jag fick börja i en mindre klass, med barn som var som mig, som inte klarade stora klasser med många andra barn. Jag kom ihåg hur jag tyckte om fröknarna. Greta, Elisa och även några unga killar som jobbade på fritidsverksamheten. Jag kände att de tyckte om mig. Såg mig. De var snälla och de anpassade skoldagarna för oss barn. Och på fritids så fick vi göra roliga saker.

När jag skulle börja i fjärde klass, så skulle alla barnen i min klass byta skola. Våra föräldrar var förtvivlade och undrade varför. Varför skulle vi som behöver extra mycket lugn, trygghet och stabila stadiga relationer behöva byta skola? Flera av mina klass kamrater skulle byta till samma skola och klass som mig. Jag behöver trygghet och stabilitet. Förändringar är jobbiga.

Den här klassen hade helt annan typ av lärare. De förstod sig inte på mig. Inte heller några av de andra eleverna. Jag ville inte vara i klassen och var ofta ute på skolgården på lektionerna. Lärarna ringde till mamma ofta och hon fick gå på möten.

Vid ett par tillfällen följde jag med en klasskamrat, som ville rymma. Det var läskigt, men jag ville inte vara i skolan. Vid ett tillfälle åkte vi bussar och pendeltåg. Jag visste inte var vi var någonstans. Jag var rädd. Vi frågade människor som vi

45

träffade på vägen om pengar och sa att vi samlade pengar till fattiga barn. Vi fick några kronor och köpte något att äta. När vi äntligen kom hem, letade polisen efter oss. De skulle precis göra en efterlysning på radion. Morsan hade polisen i telefonluren, när hon hörde våra steg i trappen. Jag tyckte det där var läskigt och ville inte vara med min kamrat mer. Han klarade att åka tåg och buss själv. Det gjorde inte jag. Jag hade inte hittat hem själv. Snart efter det här hade de vuxna något stort möte, med ungefär 10 personer. Det handlade om mig. Det var en massa specialister med på mötet, som varit med vid mina olika utredningar som jag gjort tidigare. Lärarna hade sagt på mötet att de inte kunde anpassa undervisningen efter mig. Specialisterna hade skakat på huvudet och någon hade sagt, att det är precis det ert arbete handlar om, att anpassa utifrån varje elev. Det var flera av mina kamrater som slutade i klassen, för de inte tyckte om att vara där. Deras föräldrar var upprörda över hur lärarna hanterade eleverna i klassen. Morsan fick höra senare av en handläggare att klassen lades ner. De hade inte den kunskapen de behövde för att ge oss barn rätt stöd och hjälp. Jag skulle börja i en femte skola. Jag tror jag gick i klass 5, när jag fick byta skola igen. Jag behöver trygghet och stabilitet. Förändringar är jobbiga.

Eftersom jag är en känslig person, så sa morsan att jag behövde en klass som var lugn och inte så stor.
Eftersom jag hade en ADHD diagnos, så sattes jag i en klass med andra barn som hade ADHD. De flesta hade inte den typen av tilläggs diagnos som jag hade. Lärarna på den här skolan var jätte bra, men mina klasskamrater välte bokhyllor. Lärarna här tyckte om mig. Men jag var rädd, för kamraterna som buffades, knuffades och ljudnivån var konstant hög. Det gillade inte jag och jag klarade inte ljudnivån, så jag var mer och mer hemma. Morsan stod i dörröppningen i ungefär 45 min. varje morgon och inväntade att jag skulle gå till skoltaxin. Varje morgon fick hon antingen säga hej då till mig eller ringa

skolan och meddela att jag inte kommer. Det är klart hon inte kunde sköta ett jobb under den här perioden.

Vid ett tillfälle följde jag med klassen på en utflykt. Vi skulle övernatta vid något torp. Jag var trött och något hände. Jag tappade fattningen och slog sönder en lärares hand. Det var min favorit lärare, en av änglarna. Hon fick åka till sjukhuset och sy handen. Men hon var inte arg. Vi pratade efteråt. Lärarna förstod att det inte var rätt skola för mig. Jag behövde lugn och ro. Jag skulle byta skola igen. Jag behöver trygghet och stabilitet. Förändringar är jobbiga. Jag besökte lärarna något år efteråt, för jag saknade lärarna. De hade saknat mig också.

Jag skulle fylla 14 år. Var skulle jag nu ta vägen och fortsätta min skolgång?
Jag fick samtidigt en ny utredning på BUP. Nu fick jag också diagnosen autism. Helt plötsligt skulle jag åka långt till skolan och jag skulle dessutom bo där. Det kändes inte bra. Jag ville inte, men förstod att det inte fanns någon annan skola som passade för mig i kommunen.

Den här skolan, som blev den 6e, låg utanför en söderförort till Stockholm. Den var väldigt annorlunda. Morsan fick följa med och övernatta på skolan några gånger. Även min ledsagare och mina systrar fick följa med och övernatta i omgångar. Min släkt fick också komma på besök, för att jag skulle känna mig trygg.

Jag ville verkligen inte vara på skolan. Jag fick ändå acceptera. Jag var på skolan i veckorna, så åkte jag hem varje helg och på loven. Det var jobbigt med omställningarna varje vecka, men jag ville inte bo där på heltid, som många andra barn gjorde. Morsan lät mig vara på skolan en helg, men då mådde jag jätte dåligt och jag behövde inte vara där några flera helger och inte heller under loven.

Jag tyckte den här skolan var konstig och annorlunda. Det var en del barn och ungdomar som bråkade även här. Jag blev jätte arg några gånger och försökte brotta ner en klasskamrat. Vissa lärare var allvarliga och stränga. Det tycker jag är jätte jobbigt. En blev arg på mig flera gånger, när jag halvsov på lektionerna. Jag halvsov för att jag var trött och inte kunnat sova på natten och inte för att jag ville vara provokativ. Jag har aldrig gillat bråk eller när någon höjer rösten. Läraren förstod mig inte och blev arg. När någon inte förstår mig och ställer krav som jag inte kan uppnå, då har jag svårt att få förtroende för den personen. Jag hade samma känsla varje gång som jag träffade den där stränga läraren, genom alla åren.

Några lärare var jätte bra och snälla. Lea och John. De var omtänksamma och lugna. De hade änglavingar och hjärtan av guld. Deras lektioner var roliga. Jag fick göra en lådbil med John. Jag hade längtat efter att få göra en lådbil, sen jag var liten. Lea hade en rolig dialekt. Jag tror hon kom från Skåne. Hon var alltid lugn, snäll och omtänksam. Hon anpassade alltid för oss barn. För första gången under min skoltid, så fick jag lugn och ro att lära mig saker i skolan. Det var på Leas lektioner.

Vi fick inte titta på tv i de husen som vi bodde i och vi skulle äta vegetariskt. Det tycker jag var konstigt och passade inte mig. Det första året hade jag svårt att vänja mig vid miljön och jag ville inte åka till skolan, men gjorde det till slut mot min vilja. Jag var tvungen eftersom det är skolplikt. Det andra året hade jag fått ett par vänner och jag var lite van vid miljön. Det fanns ett par snälla personal på huset där jag bodde. Det var ganska roligt där ibland. Det tredje året skulle min kompis börja gymnasiet. Jag fick byta hus att bo i för tredje gången. Jag bodde i tre olika hus, under de tre åren jag gick på skolan. Ny personal hela tiden. Det var jobbigt. Jag hade redan haft många skolbyten och mycket ny personal att lära känna. Det tredje året blev hemskt och jag var borta nästan hela sista terminen. Jag behöver trygghet och stabilitet. Förändringar är jobbiga.

En dag fick jag följa med och hälsa på gymnasiet som fungerade på ungefär samma sätt som grundskolan, men jag flydde och sprang därifrån. Jag ville inte skolan något mer.

Jag blev kvar hemma hos morsan och mina systrar mer och mer. Jag flyttade hem igen, straxt innan jag fyllde 18 år. Jag ville inte fortsätta på den skola som blev "skolan jag inte vill minnas". Jag hade några änglar på skolan, men tyvärr var det för mycket negativt som tog över för mig. Därför blev det "skolan jag inte vill minnas".

Morsan hade tittat på ett gymnasium i grannkommunen och ett i kommunen, som vi bodde i. Jag ville inte. Hon sa att jag kunde åka till skolan en dag för att se hur det var. Jag gjorde det och sa sen till henne, att nu har jag varit där en dag och det räcker. Morsan sa att nu är jag 18 år och bestämmer själv. Nu är skolplikten över. Där tog min skolgång slut.

Kapitel 8: Efter skolan – psykolog, vårdkontakter

När jag slutat skolan, så kändes det bra, men skolåren hade skapat en otrygghet och stress, med många skolbyten och många olika personer att lära känna. Morsan var inställd på att nu var allt bra. Men jag dippade och mådde inte alls bra. Alla olika skolor och förändringar, oro och stress kring dessa förändringar och "Skolan jag inte ville minnas" hade satt sina spår. Morsan ringde psykolog och jag följde med dit. De pratade om medicin, men jag var inte intresserad av det. Morsan sa att vi ska försöka göra bra mat och hitta andra alternativ. Jag hade ätit medicin för ADHD och provat tre sorter när jag var yngre. Jag hade ingen bra erfarenhet av det. Jag hade fått ändå mindre aptit och någon medicin gjorde att jag blev ändå mer arg och frustrerad. Som liten åt jag bra, men efter jag hade problem med magen, så hade aptiten minskat. Jag känner ingen hunger och har inte haft intresse av att äta mat eller lära mig laga mat. När jag inte förstår eller har intresse för en sak så är det svårt att hitta motivation och sätta fokus på det jag ska göra.

Jag hade skurit mig i armarna någon gång i tonåren. Tror inte morsan märkte det den gången. Någon kompis hade pratat om det och jag provade också. Jag tycker att det är jobbigt och läskigt att åka till tandläkaren. Jag blev sövd under några år. Jag var rädd innan jag skulle sövas och det var en jobbig känsla när jag vaknade. Efter några gånger ville jag inte det mer. Men det var också en stressande känsla. Jag vet inte vilket som var värst. Jag byggde upp en stor rädsla inuti, inför att gå till tandläkaren och laga hål, utan att vara sövd. Under en period så blev stressen och oron så stor att jag skar armarna igen. Morsan kom in i rummet. Jag minns inte vad hon sa. Blodet rann nedför mina armar. Det var flera ristningar. Jag vet inte hur många ärr jag har efter de här gångerna. Men de syns. Morsan gick ut. Tror hon ringde någonstans. När hon kom in igen, så hade jag slutat att rista och hon fick tvätta mina armar och plåstra om armarna. Sen ville jag ha glass, vilket jag fick. Morsan verkade skärrad. Sen försökte hon prata med mig om varför jag gjort så. Jag försökte förklara. Den yttre smärtan tar bort den inre ångesten. Hon pratade om tandläkare och sjukhus vård med mig och lovade att ta tag i det och prata med alla om min rädsla, så jag skulle slippa oroa mig. Det gjorde hon och har gjort sedan dess. Ibland när jag mått dåligt, har jag tänkt på händelsen, att den inre smärtan försvann när jag skar mig i armarna, men jag har aldrig gjort det igen. Jag kan prata med morsan eller min kontaktperson om det ibland.

När vi sen skulle till tandläkaren, så hade morsan banat vägen och pratat med tandläkare och alla involverade. Jag fick bedövningssalva och den anpassning som jag behövde. Eftersom jag har svårt att slappna av, så tar inte alltid bedövningen bra. Eftersom jag har behövt gå till tandläkaren ofta, så det inte ska bli för stora ingrepp, så var vi tvungna att hitta en tandläkare närmre där vi bor. Min favorit tandläkare slutade på Danderyd och därför passade morsan på att hitta en tandläkarklinik på närmre håll. Samma sak igen. Morsan banade vägen och pratade med kliniken. Jag fick en cool tandläkare, som jag kunde slappna av med. Han pratade hårdrocksmusik och skojade. Alla besök gick jätte bra. Sen slutade han och jag fick fyra olika tandläkare på den kliniken. Vid något tillfälle så blev det jätte jobbigt. Bedövningen tog inte när tandläkaren skulle rotfylla tanden. Han fick avbryta behandlingen och jag ville inte höra ordet rotfyllning igen.

Gurra och Morsan hade sett att min favorit tandläkare från Danderyd hade börjat arbeta på den klinik, där de gick. De frågade om jag fick komma dit och det fick jag. Ägaren till denna klinik, var en ängel. Han tog emot mig när min gamla tandläkare inte var på plats. När jag skulle dra ut en tand en gång, så fick jag ett eget rum att vänta i innan och han var försiktig hela tiden. Så även om jag tyckte det var jobbigt, så gick det bra. Men bara tanken på tandläkare, är jobbig, ångestfylld och stressande.

Likaså med läkare. Morsan fick bana vägen. En gång vid ett akut besök, så visste inte läkaren om min känslighet och hon pratade om eventuell operation. Hon skulle skicka mig vidare till ett stort akut sjukhus. Jag höll på att svimma och kunde nästan inte ta mig in i färdtjänsten som väntade. Morsan åkte med. Gurra jobbade och kom senare och hämtade oss på sjukhuset. Det var en mardröm på sjukhuset. Mardrömmen bestod i att inte veta vad som skulle hända. Jag trodde jag skulle dö. Vi visste inte hur länge vi skulle sitta och vänta. Skulle jag få komma hem igen? Det kändes som dödens väntrum. Jag slöt mig fullständigt. De gjorde bara ett par korta undersökningar och det verkade inte vara någon fara med mig, så vi fick åka hem efter några timmar, som kändes som en evighet. Jag mår dåligt på sjukhus. Jag får yrsel, blir snurrig i huvudet och håller på att svimma.

Efter det här bad morsan att läkarna skulle skriva tydligt i journalen om den känslighet jag har. Vilket de gjorde. Jag har sedan oftast fått träffa samma läkare om det har gått. De kommer också hem och tar blodprover eller ska ge sprutor. Jag är tacksam för den förståelsen jag fått på min vårdcentral. Jag blir ändå stressad bara av tanken på läkarbesök och sprutor.

Jag har även behövt gå till fotvård, efter att jag hade nageltrång och fick operera det ett par gånger. Jag åkte till fotvården var sjätte vecka med min ledsagare eller föräldrarna, innan jag flyttade till service boendet. Sen har jag inte kommit dit och efter det hjälper morsan mig att klippa naglarna rätt. Hon ringde till "tåtanden" och fick tips hur hon ska klippa naglarna rätt.

Jag gick på sjukgymnastik under några månader, efter att jag haft huvudvärk och ont i axlarna och var stel i kroppen. Jag tyckte om att gå dit en gång i veckan. Sjukgymnasten var snäll och jag blev lite bättre i kroppen. Jag åkte med min dåvarande ledsagare. När jag flyttade till ett service boende, så kom jag dit en gång, sen kunde jag inte komma dit mer.

Jag har fått näringsdrycker under några år, eftersom jag inte är så bra på att äta varierad mat. Dietisten jag har nu är jätte bra. Hon ringer morsan emellanåt och frågar hur det går med mig. Jag var där flera gånger, men fick svårt att komma dit, när jag flyttade till service boende.

Kapitel 9: Resor, utflykter, aktiviteter

När jag var liten så lekte jag mycket med mina två systrar. När jag var sex år, så skulle vi få en till syster, som skulle heta tilde. Men hon dog innan hon föddes. Hon är i himlen nu. Så vi blev tre syskon, som växte upp tillsammans. Jag har alltid haft en fin kontakt med mina systrar. Vi har aldrig bråkat med varandra och alltid varit snälla mot varandra. När vi var riktigt små, så var vi påhittiga och kunde plocka isär leksaker till morsans förtvivlan. Men hon har berättat att vi alltid var snälla mot varandra och andra. Vi hade ett landställe i några år, som vi åkte till nästan varje dag under sommaren. Det var en kolonistuga som låg bara 15 min bilväg ifrån där vi bor. Där kunde vi leka på tomten eller vara i lekparken. Vi fick kompisar där. Morsan och farsan bjöd dit vänner och deras barn och vi hade det riktigt roligt och bra. Men det var nog så att morsan mest gick runt och passade på oss. Vi insåg inte riktigt vad man fick göra, vad som var farligt eller inte. Speciellt inte jag. En gång fick jag en mora kniv av farsan och skulle tälja något. Jag var lite impulsiv på den tiden och slängde iväg kniven. Den for rakt över morsans huvud och in i tidningen som hon läste. Jag förstod inte att det kunde vara farligt. Sen gömdes knivarna. De somrar som vi var på landet var jätte bra. När morsan och farsan skildes så hade vi inte kvar stugan så länge därefter.

Jag var mycket i min egen bubbla när jag var liten. Det tog många år innan jag hade riktiga samtal och diskuterade saker eller ens frågade andra om saker. Jag var inte så bra på att kommunicera. Jag visste inte hur jag skulle göra, men jag hade några kompisar. Jag lekte med några killar som var syskon, ifrån två olika familjer. De bodde också med sina mammor, precis som vi gjorde. Några av dem hade liknande svårigheter som jag. De kunde också bli lätt arga. Men de slogs inte. ibland råkade de bli arga och slå till i farten, men de menade aldrig något illa med det. De hade svårt att hantera sin ilska, precis som jag. Några av dem var mycket hemma hos oss. De åt mat och ibland sov de över. Jag minns väl att morsan sa att de kunde vara hos oss, bara de höll våra regler hemma och inte rörde vissa saker. De kunde faktiskt hålla det. Oftast. Jag minns bara en gång morsan blev riktigt arg. Då hade jag låtit några barn komma in hos oss, när hon inte var hemma. De brukade inte vara hos oss så ofta. När hon kom hem, så hade de hoppat runt i sängarna i flera rum, även mina systrars. Det försvann också några av morsans smycken. Hon vet inte om det var dem som tog dem. Hon hittade aldrig de smyckena, men ville inte anklaga dem för att ha stulit smyckena. Jag lekte med mina kompisar fram till tonåren..

Jag var mindre hemma när jag gick på "skolan jag inte vill minnas" och tappade några vänner under den tiden. Jag fick aldrig några nya vänner. Jag hade kvar några av mina gamla vänner, men visste inte hur jag skulle fortsätta att hålla kontakten dem. Jag visste inte vad jag skulle säga, så jag bad alltid morsan ringa dem och fråga om de ville komma till mig. Hon försökte flera gånger att få mig att ringa själv. Jag gjorde det någon gång.

Som barn ordnade morsan alltid kalas till alla oss barn. Både för släkten och för våra kompisar. Hon bjöd ibland hela våra klasser. Hon fixade ibland både mat och fika och vid några tillfällen var det teman. Hon tyckte själv det var roligt. Jag fick ha kalas på Mc Donalds ett par gånger eller hyra en lokal eller hemma. Jag hade ju lite speciella skolkamrater och det kunde hända lite incidenter ibland när de kom, men allas föräldrar var redo att rycka in om det behövdes.

Morsan åkte alltid till Gröna lund med oss minst en gång varje sommar. Hon sparade pengar till det varje år. Hon sparade mynt i rör och plastpåsar och delade ut varsin påse till oss barn, som vi kunde spela för på Gröna lund. Vi åkte kommunalt. Buss, pendeltåg och buss igen. Det gick bra på den tiden, även om det var jobbigt och tog energi. Jag gick ofta in i mig själv, i min bubbla, för att stänga ute andra människor, ljus och ljudintryck. En gång när vi var på Gröna lund, så fick jag en extra lång låsning. Jag fick låsningar då och då. Den här gången hände det när jag åkte pop expressen. Det var en snygg kille som åkte i samma vagn som mig. Sen åkte jag popexpressen i fyra timmar. Morsan satt på en bänk utanför popexpressen mellan klockan fyra och åtta på kvällen. Hon gjorde några försök att stoppa mig, men det gick inte. Mina systrar åkte en massa andra saker. Morsan har berättat att hon var ganska slut och funderade på hur vi skulle ta oss hem igen... Men när jag väl åkt klart, så var jag kontaktbar igen. Vi kom hem den gången också. När vi varit på Gröna lund så har jag inte haft så mycket tid att äta. Jag kan bara sätta fokus på det jag känner för just för stunden. Ibland hade jag eller mina systrar kompisar som följde med till Gröna lund. Första sommaren som Gurra var hos oss i Stockholm, så ville morsan att vi skulle visa honom Gröna lund. Jag hade guldkort och då kunde jag gå in och åka allt gratis. Det var i juli och mycket varmt och Gröna lund satte rekord i antal besökare. Jag vet inte hur morsan orkade, men vi åkte Gurras bil till tågstationen och åkte sen kommunalt in till Gröna lund. När vi såg kön, fick jag välja om jag ville gå in på nöjesparken. Jag ville gå in, så vi gjorde det. Jag började åka det jag ville. Som vanligt, så hamnade jag i min bubbla och jag varken såg eller hörde när morsan försökte ropa på mig. Vid ett tillfälle försökte morsan få mig att äta korv och dricka läsk. Jag varvade pop expressen och skulle ställa mig i kön. Morsan räckte fram mat och dricka. Jag tog det och kastade det i första bästa papperskorg. Gurra såg snopen ut. Morsan såg mer bedrövad ut. Jag antar att hon redan förvarnat Gurra om hur jag fungerar. Vi kom hem den här dagen också. Först åkte vi kommunalt från Gröna lund. Jag var fortfarande inne i min bubbla. Kopplade bort allting omkring mig. Gurra trodde att jag hade haft jätte tråkigt på Gröna lund. När vi kom till bilen och jag hade satt mig och slagit igen bildörren, så gjorde jag tummen upp och sa att dagen hade varit COOL. Gurra höll på att ramla baklänges.. Det är precis så här jag är. Vi pratade om det efteråt och jag kunde då berätta vad jag tyckt var roligt eller tråkigt. I trygg miljö kan jag slappna av. Då är det ofta tummen upp. Jag, Gurra och morsan pratar och skrattar ofta efteråt åt situationer som varit och de är nyfikna på hur jag tänkt och varför det blir som det blir ibland. Jag kan inte alltid förklara varför, men ibland kan jag ge en förklaring.

När jag slutat skolan och bara hade ett par vänner kvar, så var det svårt för mig att få behålla dessa vänner. Morsan bjöd med killarna på bowling, bio och gröna lund, vid flera tillfällen. En av killarna fick följa med på resa till Leksand och Orsa björnpark. Vi hade jätte trevligt och mysigt, men jag var så trött och orkade inte gå så mycket som min kompis. Det kanske han inte tyckte var så roligt. Vi spelade spel på kvällarna. Jag var jätte glad att vi bjöd med honom och att han kunde följa med. Men sen bröts kontakten mer och mer. Han var ute på praktik och var med i olika sociala umgängen och han träffade en flickvän. Han hade det som då kallades Asberger. Vi pratade bara lite smått när vi träffades. Han var nog mer social än vad jag var. Jag saknade min ända vän. Hans bror tappade jag helt kontakten med. Han fick ett vanligt jobb sen. De andra killarna jag lekte med som barn, blev utplacerade i fosterhem. Jag vet inte hur det gick för dem.

När vi spelar bowling, så spelar jag ofta jämt. Varken sämst eller bäst. Jag är ju ofta trött och därför har jag lite långsamma och lugna kast. Jag brukar själv säga att jag spelar bättre ju tröttare jag är. Just för att jag slappnar av som mest då. De gånger jag får in några strikes så brukar jag vinna eller komma bra till. Jag har spelat bowling då och då med Gurra och morsan. Även när jag hade ledsagare, kontaktperson och daglig verksamhet.

Jag var på Gotska sandön med skolan en gång. Det var en spännande resa. Jag fick veta historiska händelser som förekommit på ön. Nästan alla mina kompisar kräktes på båten, när vi skulle åka hem. Jag fick ont i magen och fick diarré. Det blev en jobbig hemresa, men jag klarade av saker bättre när jag var yngre.

Jag var till Gotland med farsan och farmor och farfar en gång. Det var också roligt. Vi var på någon konsert minns jag. Det var en kompis till morsan och farsan som spelar i ett kristet hårdrocksband, som hade konsert. Både morsan och farsan tror på Gud. Morsan brukade skriva egna kristna texter och göra låtar, spela och sjunga, när vi var små. Som jag berättade förut, så har jag också flera instrument, men tyvärr har jag fått Tinnitus som blivit värre med åren och är värre i perioder och då kan jag inte spela något alls. Inte heller lyssna så mycket på musik. Jag var också på Gotland med morsan en gång när jag var mindre och med morsan och Gurra ett par gånger. Mina systrar var med ett par tillfällen. Vi åkte bil och båt. Båten var lite jobbig, eftersom det var mycket folk och höga ljud. Vi hyrde stuga två gånger i Tofta. Ena gången åkte vi efter att skolan börjat i Augusti och andra gången åkte vi precis i början av sommaren, innan turist säsongen kommit igång i Juni. Morsan har alltid försökt anpassa och planera, så det ska fungera bra för mig, för att undvika stress och mycket folk. Jag gillar Gotland, för det är så mycket kultur där. Gamla ruiner. Vi badade i poolen, plockade snäckor på stranden. Jag gillar att leta fossiler och har hittat några fina. En gång hittade jag en fin fossil som jag ångrade länge att jag inte tog med. Vi visste inte om man fick ta med sig fossiler som man hittat. Vi var också i vikingabyn och gjorde någon form av kampsport med varandra. Det var mest jag och Gurra som tävlade. Morsan gillar inte direkt att kasta yxa och bära stockar. Jag hade också min favorit affär med smycken på Gotland. Jag sparade ihop mycket pengar och köpte fina vikingasmycken och vikingaprylar på Gotland. Ringar, svärd, och lite annat. Sen gav jag bort många smycken till kompisar eller någon jag känner. Jag tycker om att ge bort saker, men ibland kan jag ångra mig efteråt, att jag inte sparade det själv. Ibland kan morsan säga till mig, att jag inte ska ge bort allt. Även om hon oftast tycker det är ok.

Tyvärr har jag blivit lurad på pengar. Om jag skulle ha mycket pengar och någon skulle fråga mig om denne kan få pengar av mig, så skulle jag säga ja och ge bort en del. Morsan har alltid försökt hjälpa mig och styra upp det med pengar och ekonomin. Jag gillade kontanter mer än pengar på kort. Jag känner inte att jag har samma koll på pengarna när de sitter på kontot. Morsan har köpt flera kassa böcker och försökt få mig att använda dem, men det blir liksom inte av. Är inte så intresserad av det och kommer glömma att föra in när jag handlat och hur mycket jag har kvar. Om jag får aktiv hjälp med det så kan det säkert fungera. Det är mycket annat som måste fungera först för mig.

Jag har varit på dags kryssningar och 24 timmars kryssning med familjen också. Flera gånger. Jag gillade att åka båt förut. Jag gillade att spela på spelapparaterna. Även på Gröna lund, när vi åkte dit varje år. När pengarna vi hade med oss var slut, så var det slut på spelandet. Det fick vi lära oss tidigt. Morsan hade inte så gott ställt, men ordnade alltid mycket för oss ändå. När Gurra och Morsan träffades så åkte de och besökte varandra till en början. Gurra kommer från Danmark. Det tog ungefär fem och en halv timmar med snabb tåg till Köpenhamn. Jag följde med till Danmark och åkte dit ett par gånger med morsan och systrarna. Ibland var någon av syrrornas partner eller kompis med. Ibland åkte vi bil dit eller hem, när Gurra var med. Det tog åtta timmar i bil per resa. Då klarade jag det. Men inte nu längre. Jag klarar inte att åka bil på motorväg. Ljudet är för högt.

Jag flög vid något tillfälle i tonåren, för att hälsa på farsans släkt och har åkt fjärrtåg och bil till dem flera gånger. De bor ungefär 75 mil från Stockholm. Det klarar jag inte heller längre.

Tyvärr så har min ljudkänslighet blivit värre och värre och även tinnitus. Det är tre år sedan jag försökte göra en längre resa med bil. Morsan och Gurra åkte med mig upp till Idre, där vi bokat hotell. Även farsan och hans sambo hade bokat på samma hotell. Vi hade packat bilen full med mina saker och jag skulle fortsätta åka med farsan till den ö, som de bor på. Den ligger ungefär 90 mil från Stockholm och det skulle ta ca åtta timmar till med bil från Idre. Vi skulle övernatta hos farmor och farfar på vägen. Vi hade en trevlig kväll med pizza och fika på hotellet, men jag kunde inte sova på natten. Resan på fem timmar i bilen hade varit jobbigt för öronen och vi hade fått stanna flera gånger. På morgonen bröt jag ihop och klarade inte av att följa med farsan och sambon. Resan skulle bli för lång för mig, så jag åkte hem med Gurra och Morsan igen. Vi fick en trevlig hotell vistelse och jag fick träffa farsan och hans sambo, så det var bra. På vägen hem klarade jag resan bättre. Jag var mer avslappnad och vi behövde inte pausa så mycket. Min Tinnitus blir värre när jag är spänd, oroad eller stressad. När vi kom hem skulle morsan och Gurra åka och grilla hos moster Mona med familj. De tänkte vi skulle köpa mat till mig och att jag skulle hem och vila. Men till deras förvåning så orkade jag följa med dem på kvällen. Jag trivs hos moster

Mona och hennes man Hans. De har två söner som är ungefär 11 och 13 år, som är mina kusiner. Jag tycker inte så mycket om mat, men Hans grillade kycklingfiléer är ok. Vi brukar spela yatzy med dem. Det är så roligt för Mona och Hans kan inte alltid hålla sams när de spelar. Båda vill vinna. Det tycker jag är roligt. Annars är de alltid sams.

Innan Covid bröt ut, så åkte vi Ibland till mormor och morfar. Hos dem brukade vi fika och spela kulspelet, Fortuna. Det var alltid roligt och spännande att se vem som skulle vinna. Ibland vann jag. Jag brukar ha tur i spel.

Efter det har jag hunnit flytta hemifrån och flyttat hem igen efter två år. Morsan och Gurra har inte fått med mig på fler resor eller längre utflykter. Vi har åkt som längst till Lasse Åbergs museum i Bålsta och till min syster som bor söder om Stockholm de sista par åren. Men det var illa nog för öronen. Jag klarar inte att åka på motorväg för ljudet. Jag är också rädd för trafiken. Jag har åkt med färdtjänst och taxi förare tidigare. Många kör för fort och byter fil ofta, vilket gör mig rädd och stressad. Därför åker jag numera bara bil med någon jag känner mig trygg med. Jag åker inte längre några andra färdmedel.

Under det här stycket låter det som jag orkar och kan hur mycket som helst. Jag har orkat och klarat av att vara mer aktiv förut, men tyvärr så är det inte så längre. Jag önskar och skulle gärna vilja komma ut och göra mer saker. Men svaret blir nej numera om jag får frågan om att åka med på resa. Just nu kommer inte Gurra och morsan iväg någonstans tillsammans, eftersom jag inte vill följa med.

Ofta lider jag av stor trötthet och allt jag ska göra behöver anpassas. Att åka och göra saker när det inte är mycket folk ute, även om jag en kort stund kan vara där det är fler människor. På släktträffar följer jag bara med om det inte är för många. Jag brukar fråga morsan vilka som kommer. Inte för att jag inte vill träffa någon speciell i släkten, utan för att jag bara orkar följa med när det inte är så många. Sociala sammanhang är ansträngande för mig av flera orsaker. Jag orkar och kan inte sortera intrycken och jag har svårt att veta vad jag ska prata om och ljudnivån är ofta hög när många pratar på en gång och ofta är det dessutom musik på i bakgrunden. Allt det gör mig trött och tom i huvudet. Så jag orkar bara vara med vid sociala sammanhang ibland, om jag har en bra dag och om det är anpassat för mig och korta stunder. Jag vill vara social, men kan inte alltid vara det.

Kapitel 10: Personal – hemtjänst, daglig verksamhet, ledsagning, kontaktperson, "kortis", boende på ont och gott

Det skulle vara intressant att veta hur många personal som har jobbat med mig genom åren.

Jag har både dålig och bra erfarenhet av personal. Ibland undrar jag om det ligger någon prestige i att vara personal. En del jobbar som om de följer ett färdigbestämt mönster. Som om jag skulle vara lika alla andra. En del säger, att det bara ska vara på ett visst sätt. Att det är deras policy att jobba så. Varför kan inte alla vara lite flexibla ibland? En del säger att de har utbildning. Att de kan sin sak. Då undrar jag vad de har för utbildning. Jag har inte vågat fråga, men jag brukar fundera för mig själv var de fått sina värderingar och sin kunskap ifrån. En del ställer så höga krav och jag har upplevt att de blir arga och irriterade om jag inte gör som de säger. Jag önskar att jag alltid kunde få välja min personal. Att det kom personal till mig, som förstod just mig och kunde ta hänsyn till min dagsform. Jag har inte förmågan att ändra på mig, de dagar som är svåra för mig. Jag kan inte "skärpa mig" eller "samarbeta", när jag är trött och har en dålig dag. Jag kan träna på saker och vara delaktig, de dagar jag mår bra. Jag behöver bli respekterad för den jag är. Krav och stress gör att jag blir handlingsförlamad och inte kan utföra någonting alls. Ibland tycker jag att personalen istället kan ändra på sig. De som har förmågan till det och anpassa min situation. En del kan det. Det kanske är en slump, men jag upplever att det är är personer som inte har någon utbildning inom LSS, som har förstått mig och anpassat åt mig på bästa sätt. De krånglar inte till saker så mycket. Det är min erfarenhet. Jag är mycket medgörlig, när någon förstår och tar hänsyn till min dagsform. Då pratar jag gärna om situationen och ibland kan jag tala om varför jag säger nej till något. Om jag orkar kan jag vara med och prova något nytt eller vara delaktig.

Det är sällan någon ber om ursäkt om de handlat fel och orsakat att jag mår dåligt. Då har jag svårt att släppa händelsen och bär med mig den negativa känslan. Den förs vidare och kvarstår när en liknande situation uppstår och om jag träffar samma person igen. Så byggs det på. Det hämmar min utveckling.

Många av oss som har en funktionsnedsättning, är inte så komplicerade som vissa tycks tro. När man träffar en ny person, så kan man fråga vad personen tycker om och har för intressen. Jag tycker om att berätta om mina intressen och vad jag har gjort, om någon frågar mig, när jag är i en trygg miljö. Med tålamod, lugn, tydlighet, anpassning av krav och miljö, respekt, lite humor och enkelhet, så kan vi med funktionsnedsättning komma vidare i livet, på ett enklare sätt. Jag har också haft personal som har gått utbildning, som varit jätte bra. Det är bra att ha kunskap om olika funktionshinder och om metoder att ge stöd och hjälp. Det är också viktigt att ha förmågan att känna in och läsa av en persons tillstånd och situationen, för att jobba med oss. Någon gång fick jag säga till en personal, att hen får göra på sitt sätt, så gör jag på mitt sätt.

Jag önskar jag kunde få välja min personal. Jag skulle behöva en personlig assistent, för att få kontinuitet under dagarna. Men det verkar svårt, när man inte har ett fysiskt synligt funktionshinder. Varför ska det vara så svårt att få en personlig assistent, när man har autism eller vissa andra funktionsnedsättningar och är högkänslig på flera sätt?

Den första personalen jag minns, var när jag fick insatsen ledsagning beviljat. Det kom och gick flera stycken ledsagare, innan det kom en som stannade en period. Jag hade svår ADHD då och minns det som "åren då jag blev så arg". Alla kunde inte hantera situationerna när jag blev arg och frustrerad.
Den här ledsagaren var en ung man, som hade flera uppdrag på kommunen och en av mina vänner hade också honom som sin ledsagare. Det kändes bra. Vi åkte på gröna lund och han tog med mig ut. Det var ok att vara med honom och det var inga problem när han kom och hämtade mig. Jag följde alltid med honom efter en stund. Jag hade honom under några månader och fick även sova över hos honom när vi varit på gröna lund vid något tillfälle. Morsan fick efter en tid ett samtal från kommunen. Hon visste inte vad det gällde men fick en akut kallelse att komma till kommunhuset, samma dag. Det

var flera föräldrar där. Morsan fick veta vad det gällde. Ett par föräldrar hade anmält ledsagaren för att ha sexuellt utnyttjat barnen han jobbade med. Morsan blev bedrövad. Hon visste inte i det här läget hur hon skulle ta upp det med mig. Hon fick en psykolog kontakt, en man som hette Olle, på Rädda barnen. Hon och jag tog pendeltåget till stan varje vecka under en tid och jag fick prata med denna Olle. Han var en bra person att prata med. Jag hade dåligt minne redan som barn och kunde inte ta in vissa händelser. Tyvärr har det blivit ändå sämre med åren. Jag vet att jag berättade något om att ledsagaren visat snoppen och gjort något, men mer än så visste jag inte och kunde inte berätta. Jag var bara 8 år då. När Olle tyckte det räckte med samtalen, så tyckte jag också det och vi avslutade våra samtal.

När jag var tio år, så fick jag en ledsagare som jag hade i 17 år. Han var en bekant till släkten. Han var snäll och rolig. Han var trummis och jag fick följa med till replokalen ofta. Jag fick lära mig att spela lite trummor. Det var kul. Han spelade hård rock och brukade göra små turnéer i Sverige eller Europa. Jag fick några coola band t-shirtar. Det fanns ett gammalt piano i entrén på musikhuset, som jag älskade att spela på. Vi åkte även iväg och gjorde äventyr i naturen. Min ledsagare var lite tokig, påhittig och äventyrlig. Han kunde komma på att klättra i berg och var ibland lite väl vågad. Det var mest han som skadade sig. Jag är nog den mer försiktiga typen. Men jag kände honom så bra och han mig, så det gick alltid bra när vi träffades. Det var alltid roligt och spännande att vara med honom. Vi brukade utforska naturen och letade bunkrar i skogen och på fält. Vi fiskade ibland. Vi var på en massa olika museum och på Gröna lund flera gånger. Jag sov över ibland. Han var ju mycket äldre än mig, men blev ändå en bra kompis. Han följde också med mig till tandläkare, läkaren, fotvården, dietisten, sjukgymnast och andra viktiga saker, när morsan och Gurra jobbade. Det var tur att jag hade honom. När alla barndomsvänner försvann, så fanns han kvar till dess kommunen avslutade hans tjänst, efter 17 år. Han meddelades en vecka innan han skulle sluta. Morsan vågade inte berätta för mig att han och kontaktpersonen skulle sluta,

eftersom det var de ända personer som jag kände och var trygg med, förutom familjen.
Han var en av änglarna.

Kontaktpersonen fick jag genom kommunen och hade fantastisk tur som fick en jätte trevlig och inkännande kille. Han var van vid lite känsligare typer som mig. Vi åkte mest och handlade på olika affärer eller åkte till något naturområde och gick promenader. Han var alltid snäll och ställde aldrig några krav. Han anpassade våra stunder, efter vad jag orkade göra. Jag fick ha kvar honom till jag flyttade till service boendet. Efter första sommaren på boendet, så togs den insatsen bort, samtidigt som insatsen ledsagning togs bort. När det inte fungerade på boendet, så fick jag tillbaka honom med några få timmar i månaden. Eftersom jag inte har kvar ledsagaren och inte har några vänner, så betyder han mycket. Det är den ända sociala kontakt jag har förutom min familj och släkt, som jag inte träffar så ofta. Han är en av änglarna.

När jag var i sju års åldern, så åkte jag till något som kallades för "kortis" en halv vecka varje månad. Det var ett kortisboende som låg i kommunen där vi bodde. Jag fick vara där några dagar och hitta på saker med personalen. Det var andra barn och ungdomar som också bodde där några dagar i månaden. En del hade svåra funktionshinder. De kunde skrika och låta mycket. Personalen fick låsa ytterdörren, så ingen kunde gå ut själv. Jag hade svårt att identifiera mig med de andra barnen som var där. Jag minns en sak när jag var där. Att jag skulle hämta några ägg, när vi skulle steka pannkakor. Jag tog hela kartongen och tappade den i golvet. Det blev ägg överallt. Jag kommer inte ihåg att personalen blev arg. Jag har för mig att personalen var snäll där på kortis. Jag åkte dit när jag skulle, i ungefär ett år. Sen ville jag inte dit mer.

Hemtjänst. Morsan och Gurra kunde under några år arbeta inom hemtjänsten, för att ge mig det stöd och den hjälp jag behövde. 2015 så tog de bort hemtjänsten för anhöriga. De jobbade bara en dag var i veckan med mig. Det hjälpte till, så att min tillvaro fungerade bra. När anhöriganställningar inom hemtjänsten togs bort, så skulle hemtjänsten komma hem till oss, de dagar de jobbade på sina arbeten. Gurra fick gå upp och jobba fem dagar i veckan, istället för fyra dagar. Han jobbade inom LSS och SOL och morsan började jobba fyra dagar istället för tre dagar i veckan inom LSS.

Hemtjänsten fick komma fyra dagar i veckan. Det var fyra – fem olika personal som kom hem till oss. Alla var lite olika personligheter och ett par av dem kunde jag slappna av med. Dem gick jag gärna en promenad eller spelade spel med, när jag ätit. De kom till mig mellan kl. 11-13.30, så jag kunde få den tid jag behövde för att äta. Det tar tid innan jag kan komma igång att äta och även tid att få i mig maten. Viss personal gjorde bara lunchen och gick. Om jag inte kände mig bekväm med dem, så ville jag inte spela spel eller gå promenad och de gick när maten var klar. Då åt jag oftast inte. När jag skulle flytta hemifrån, så togs hemtjänsten bort. Jag saknade en av personalen i hemtjänsten jätte mycket. Hon lovade att hälsa på mig sen, men det hann hon aldrig göra, under de två åren jag bodde i min service lägenhet. Det tog tid innan jag glömde henne. Hon var så lugn, snäll och lyssnade alltid. Vi pratade mycket, gick promenad och spelade spel, när jag ätit. Hon heter Malena och var en av änglarna.

Jag hade även daglig verksamhet som kom hem till oss under ett par år. Det var speciellt en personal som jag lärde känna ordentligt. Jag trivdes jätte bra med henne och följde med på utflykter, bowlade och var till verksamheten några gånger. Sen slutade hon plötsligt. Jag blev jätte ledsen. Hon slutade utan förvarning. Jag fick aldrig veta varför hon slutade. Hon var en av änglarna. Efter det kom inte någon som jag kunde knyta an till på samma sätt. Efter att några kommit och gått, så kom en ung tjej, som jag ändå tyckte var ok och vi hade ganska roligt ihop, men jag ville inte följa med henne ut på saker lika mycket, som tidigare. Jag kommer inte ihåg hur många personal jag hade som kom från verksamheten under ett år, ungefär ett tiotal. Eftersom det också kom flera olika personer från hemtjänsten, så kände jag att det blev mer och mer ansträngande, ju fler personer jag skulle lära känna. Det hände inte så sällan att personal slutade, när jag börjat få en god kontakt och börjat få förtroende för dem. Det är jobbigt att hela tiden lära känna ny personal och inte vara trygg med att de ska jobba kvar ett tag. Jag behöver lugn och ro och stabila relationer. Jag tycker det är jobbigt med förändringar.

Om ni som läser tycker det verkar rörigt och snurrigt med all personal, så kanske ni förstår hur förvirrat det har varit för mig. Jag har långt ifrån nämnt alla som jobbat med mig. Och jag är inte svår att ha att göra med. Bara jag får ett lugnt bemötande, tid på mig att tänka och svara och tid för att genomföra saker. Inte stress och krav, inga måsten eller du "ska". Det klarar jag inte. Bara respekt för den jag är, precis som för alla människor. Om man inte får respekt för den man är, så blir man obekväm. Jag som är extra känslig, blir snabbt obekväm om någon har en bestämd röst, är för allvarlig och ställer krav. Jag tror de flesta människor fungerar så. Då backar man och vill att någon annan ska komma istället. De som förstår mig direkt, tycker jag är väldigt enkel att arbeta med. Det har flera stycken sagt.

Det är inte slut här.
När jag skulle flytta till Service boendet, som jag berättar mer om i ett annat kapitel, så skulle hemtjänsten sluta och boende personalen ta över. De gick med på en mjuk övergång, då de förstått att jag helst inte ville flytta hemifrån. De kom hem och gjorde lunch åt mig istället för hemtjänsten, för att lära känna mig, inför flytten. Service lägenheten låg nära där vi bodde. Jag fick en jätte bra första kontakt med Marina, som blev min kontaktperson på boendet. Hon besökte oss och vi spelade spel och jag fick visa henne flera av mina saker, foton osv.. Marina verkade snäll och skojade mycket. Morsan hade sagt en massa bra saker om Marina, eftersom de hade jobbat ihop tidigare. Morsan sa alltid en massa bra saker om människor, speciellt dem som jag skulle träffa och om dem som skulle jobba med mig. Hon var alltid noga med att inte säga något som inte var bra och hon ville alltid påverka mig positivt, för att jag lättare skulle kunna ta till mig personalen. Så har hon alltid varit och är fortfarande så. Jag bildar mig ganska snart en

uppfattning om människor och har tyvärr svårt att ändra uppfattning om den jag träffar inte är trevlig från början. Jag har inte alltid hållit med morsan. Tidigare har hon alltid fortsatt att försöka få mig att vara positiv till personalen och försökt förklara varför de kanske varit otrevligt, sa eller gjorde si och så. Men under tiden jag bodde på boendet, så slutade hon med det. Efter ungefär ett år på boendet, så accepterade hon att jag hade svårt för en del i personalen och hon försökte inte påverka mig mer. Om någon inte var snäll och trevlig, så kan man inte bortförklara det. Jag tror hon insåg det. Det var min upplevelse och min känsla. Jag är snäll och enkel. Inte någon som provocerar eller sätter mig emot för sakens skull. Jag behöver bara få respekt. Tyvärr fick jag inte respekt av all personal på boendet. Det blev värre och värre. Chefen på boendet, hade sagt till personalen att de skulle arbeta på ett visst sätt och utifrån boendets policy. Morsan höll på att gå i taket vid flera tillfällen. Det är inte likt henne. Hon brukar ha stort tålamod med människor. Denna gång var morsan arg. Hon visade inte mig det, men jag vet det var så. Jag blev arg flera gånger på personalen på boendet, när de pressat mig för hårt. Jag till och med slängde ut Marinas skor och bad henne gå en gång. Marina sa att hon gjort som hennes chef sagt att hon skulle göra, men hon tänkte inte sätta mer press på mig. Morsan sa till Marina att hon gjorde rätt i det. Morsan tyckte bra om Marina och tyckte synd om henne i det läget, samtidigt som hon förstod mig, som inte klarade av att hantera situationen. Jag hade aldrig tidigare slängt ut någon personals saker.

Orsaken att morsan gick i taket under de här åren, var att personalen skulle arbeta utifrån boendets policy och inte kunde individanpassa. Men också att personalen och chefen på boendet inte förstod allvaret av de konsekvenserna som blev. De tog det inte på allvar och meddelade inte handläggaren, trots påpekanden från Gurra och Morsan. Först i december kom Lex Sarah anmälan. Den lades ner. Samtidigt som boendet inte gjorde någon förbättring. Tvärtom, så blev mina omständigheter värre och värre. Jag åt mindre och mindre. Konsekvenserna blev att jag tackade nej till måltider, inte åt någon mat alls när flera från personalgruppen kom. Jag kom inte iväg till viktiga vårdkontakter och inte kom ut genom dörren. Det är allvarligt om man inte får rätt förutsättningar för att få i sig mat. Jag hade tandvärk i två månader, innan Gurra till slut fick följa med så jag fick dra ut en tand. Jag skulle suttit ensam i lägenheten dag ut och dag in, om inte Gurra och morsan tagit med mig ut eller bjudit hem släkt till mig, så de skulle få se hur jag bodde. Jag ville inte sitta där själv. Jag mådde jätte dåligt av det. Jag har många intressen som jag ville göra, men inte kunde, för jag hade ingen personal som kunde följa med eller motivera mig. Morsan föreslog att någon personal kunde följa med mig ut och ta foton i naturen med min nya kamera, men med en timmes egen tid i veckan så hann jag inte det. Det tar oftast en bra stund för mig att förbereda mig, när jag ska göra någonting och ta mig ut. Eftersom insatserna ledsagare och kontaktperson var borttagna, så kom jag inte ut. Vid några få tillfällen fick personalen med mig när det var dags att handla. Tyvärr påverkade min ljud, ljus och sociala känslighet mig och det tog för mycket kraft att handla. Jag handlade ofta fel saker, eftersom jag blev stressad i butiken. Det fanns inte den tiden jag behöver på mig för att handla.

Morsan var orolig och pratade flera gånger med personalen och chefen på boendet. De hänvisade till att de arbetar utifrån deras policy och att de inte gör vissa saker åt de boende, om de inte är delaktiga. Jag orkade ju inte vara delaktig alla dagar.
Det var allvarligt med mig och jag mådde inte bra. När morsan sedan pratade med handläggaren, så hänvisade han tillbaka till boendets chef och sa att det är deras uppdrag. De ska utföra sitt arbete och tillgodose den boendes behov.
Så höll det på i två år. Kortfattat tog morsan kontakt med Inspektionen för vård och omsorg, IVO, efter två år. De tog inte ärendet på allvar och ärendet lades ner.

Så här var det och som jag nämnt så hade jag inte levt, om inte morsan och Gurra funnits i min närhet. Det finns dem som säger att anhöriga ska släppa taget om sina barn och närstående. Det var precis vad morsan och Gurra försökte göra. Men hur skulle de kunna göra det i det här fallet, när inte boendechefen lyssnade och tog situationen på allvar och inte heller handläggaren gjorde det? Inte heller IVO tog det på allvar. De fick dokumentation. Boendet hade inte dokumenterat avvikelser, som hade behövts för att morsan, Gurra och jag skulle bli tagna på allvar. Handläggaren tog inte det som sades på allvar. Han fortsatte att hänvisa till att det var boendets ansvar att utföra deras uppdrag, för att sedan föreslå gruppboende, även om det är emot min vilja. Utan mina anhöriga hade jag inte levt idag.

Jag vet att jag inte är ensam om den här situationen. Morsan och Gurra har flera vänner som har barn med funktionshinder. De båda jobbar inom SOL och LSS och har högskoleutbildning inom området. Det är klart att de blir upprörda, när det inte finns någon förståelse och hjälp att få. När inte verkligheten ser ut som den borde och man ska utgå ifrån SOL och LSS, för att få goda levnads villkor.

Jag avslutar detta kapitel med några situationer i livet, som jag egentligen inte vill tänka på . Jag funderade länge på om jag skulle utesluta vissa delar ur mitt/ våra liv och inte skriva om dem. Det är flera händelser och situationer som jag inte vill minnas och har försökt förtränga. Jag vill inte hänga ut de personer/ personal/ myndigheter, skolor, boenden som det handlar om. Ibland har jag pratat om situationerna med morsan och Gurra eller mina systrar, men oftast har jag varit tyst. Försökt förtränga. Det är bra att jag har dåligt minne ibland. Tyvärr tycker jag det känns som att jag minns de dåliga sakerna som varit i livet bättre, än det som varit bra. Vad de än har varit och vad som än har hänt, så har morsan, Gurra och mina systrar alltid försökt skydda mig. Men de har inte alltid varit där jag varit och då har de inte kunnat göra något. Jag har blivit slagen av både vuxna och barn. Alla har inte tålamod och alla förstår inte oss med funktionshinder. Men jag ska tala om att det går inte att slå in vett och förstånd i en person som har en funktionsnedsättning. Det går inte att slå in vett i någon. Dessutom är det olagligt. Det är kränkande och ovärdigt. Ibland går våldet i generationer. Någon blir slagen och för slagen vidare till sina barn och nästa generation. Eller så har någon blivit slagen av lärare eller personal. Våld föder våld. Om inte våldet föder våld, så föder det i alla fall hat. Ett starkt hat som kan yttra sig på olika sätt. Det kan vändas inåt till självskadebeteende, det bidrar till rädslor, dåligt självförtroende, självförakt, osäkerhet och otrygghet eller så medverkar det till våld mot andra. Det vet alla som varit med om det. Morsan hatar våld. På alla sätt. Men hon har inte vetat om allt som hänt mig. Jag stängde in mig i min bubbla, efter alla kränkningar. Jag försökte gömma mig där och jag började hata de personer som slagit och retat mig. Jag ville inte träffa dem mer. Jag var både arg och rädd.

Vid tillfällen fanns personer som hetsade mig till att göra dumma saker, så att jag skulle få skäll. Jag visste och förstod inte bättre och vågade inte säga nej, så jag gjorde som personerna sa. Sedan skrattade de åt mig. Jag fick även slag av personerna. Jag började hata och ville aldrig mer träffa dem. Det satt sig djupt. Jag fick aldrig något förlåt. Jag vet inte om ett förlåt hade hjälpt mig. Svåra saker sätter sig på djupet och är svårt för mig att släppa taget om.

Det är några specifika personer jag fått slag ifrån, men jag har också varit i miljöer, där det går hett till och där jag blivit utsatt för knuffar, slag, bråk och fula ord av misstag. Där personerna inte har kunnat kontrollera sig själv. Det har hänt i flera olika miljöer och det är dem miljöerna jag försöker undvika att behöva vistas i.

Jag har varit lättpåverkad av internet. När jag har mått dåligt så har jag gått in på sidor, som inte är så roliga enligt andra. Destruktiva och mörka sidor. Vid något tillfälle fick jag något hot meddelande och det stod att jag skulle betala en viss summa pengar till någon. Jag fick panik och frågade morsan vad jag skulle göra. Det var någon form av virus och min data kraschade efter det. Jag har påverkats negativt av nyheter, som visar på våld i Sverige och utomlands och krig i andra länder. Det har påverkat mig mycket och jag blir ibland rädd för människor i vissa miljöer. När jag mår bra, så kan jag

googla roliga händelser, videoklipp, musikklipp, leta saker jag
vill köpa, hitta information i olika frågor som jag tycker är
intressant. Då är internet ett jätte bra redskap för mig att söka
information. Jag vill gärna träffa någon partner eller vänner,
men vet inte hur jag ska kunna göra det. Det är svårt genom
internet, för jag vet inte hur jag ska ta kontakt och vad jag ska
skriva.

Kapitel 11: Flytta hemifrån

Nu har jag redan berättat några snuttar från service boendet
som jag bodde på i två år. Det blir kanske lite upprepningar
här och där i min berättelse. Det får vara så.

När man kommer till det där att flytta hemifrån, så var jag inte
så sugen på det. Snarare så ville jag inte alls flytta. Morsan
trodde jag skulle tycka det var bra att flytta när mina yngre
systrar flyttat hemifrån. Det gjorde ingen skillnad för mig. När
morsan frågade om jag tycker det skulle bli spännande och

roligt, så förklarade jag att jag inte tycker det. Jag funderade mycket på hur jag skulle klara mig. Jag kan ju inte laga mat och sköta andra viktiga saker. Morsan förklarade att det alltid kommer finnas personal som kan hjälpa mig med det jag behöver och att jag kan vara med och lära mig det jag orkar och vill. Jag hade svårt att ta till mig och köpa det snacket. Jag kunde inte föreställa mig hur det skulle bli.

Morsan tog upp ämnet då och då, bara för att vänja mig vid tanken antar jag. Men jag hade jätte svårt att ens tänka tanken. Så kom den dagen då jag skulle titta på en lägenhet. Det kändes lite bra att morsan, Gurra och min moster Mona och hennes man Hans följde med och tittade. Alla var jätte engagerade och tyckte lägenheten var jätte bra. Jag som inte gillar förändringar gillade den inte. Jag sa det också. Men jag får medge att den var ganska okej i storlek. Det var en två rumslägenhet, på 68 kvm. Alla utom jag gick och ojade sig om hur fin den var och började planera hur man kunde inreda. Jag var inte engagerad alls. Det var skönt när vi gick därifrån. Sen gick vi hem till oss och åt lite och spelade Yatzy.

Det var i januari vi tittade på lägenheten. Vi hade pratat om att jag skulle tacka ja och den låg ju nära hem, så det fick väl bli så. Jag ville inte prata om lägenheten och överlät morsan och Gurra att fixa allt med papper och alla praktiska saker. Jag varken orkar, kan eller vill hålla på med möten, papper, samtal och sånt. Morsan och Gurra brukar fråga mig om jag vill vara med. Ibland är jag det och ibland inte. De känner mig och vet vad jag tycker om och vill. Jag litar på dem.

Det gick en tid. Jag ville inte tillbaka till lägenheten, men visste att de höll på att möblera och fixa i lägenheten, efter deras jobb.

I februari, slutade hemtjänstpersonalen som kom till oss för att göra lunch när morsan och Gurra jobbade. Jag nämnde det tidigare men jag skulle komma att sakna Malena i hemtjänsten. Hon var så lugn, rolig och söt. Hon var ganska gammal. Så där lite över 40. Hon var snäll. Hon lyssnade, stressade inte och ställde inga krav. Jag saknade henne länge efteråt. Hon skulle komma och hälsa på mig, men hann aldrig att göra det. Morsan träffade henne genom jobbet ibland och hon hälsade alltid till mig. Då blev jag glad.

Jag har redan nämnt det, men istället för hemtjänsten, så skulle personalen på boendet komma och göra lunch och gå någon promenad med mig. Morsan var med när Marina, min kontaktperson kom första gången. Morsan fick leda samtalet och föra in mig i samtalet, som hon brukar. Det är min egen önskan. Jag behöver det stödet, men har börjat öppna upp mer när jag träffar ny människor. Jag öppnar mig bara om jag har med någon jag är trygg med och som kan leda och hjälpa mig i samtalen. Den som är med mig behöver svara åt mig, de gånger jag fastnar. När jag fastnar, så brukar jag titta på den personen som är med och de vet att de behöver hjälpa mig vidare i samtalet. Det är en trygghet för mig. Ett sätt som fungerar. Jag får det utrymme i samtalet som jag orkar och kan hantera, utan press. Marina var en pratsam, glad och trevlig tjej. Hon skulle sedan ta ansvar och introducera den övriga personalen, en i taget.

Samtidigt som jag lärde känna den nya personalen, så fixade Morsan och Gurra i lägenheten. Personalen fick i uppdrag att försöka få med mig att besöka lägenheten. Jag tror jag följde med ett par gånger, men tackade oftast nej. Jag hade inte förankrat mig med att flytta dit. Jag visste att jag skulle det, men hade ingen lust.

I mars, så skulle jag följa med och titta på lägenheten igen. Morsan och Gurra tyckte de var klara med möbleringen och hade fixat allt, med gardiner, möbler, tagit mina saker från förrådet, fyllt de flesta skåpen med mina saker. Det ända som återstod var att alla saker från mitt rum och jag själv skulle flytta över till lägenheten. Bara för att jag skulle tycka det var lite lättare och roligare så följde min ledsagare, Jerry och även kontaktperson Johan med. Jag var verkligen inte sugen. Nu började det bli verklighet. Det här som jag fasat för. Marina skulle också vara där.

Vi gick bort till en gemensam lokal och mötte Marina. Jag ville inte gå in där. Jag gillar inte gemensamma lokaler. Det påminde om "skolan jag inte vill minnas". Som en institution. De sa att jag inte behöver gå dit om jag inte vill. Ok, då så. Jag tänkte i alla fall inte gå dit, vilket jag inte heller gjorde.

Vi kom in i lägenheten och den här gången ojade alla sig ändå mer. Jerry och Johan brukade alltid skoja med mig, även Gurra och morsan. Vi skojade nästan alltid, även när vi skulle prata allvar. Det är det språket jag kan relatera till och kan ta till mig. Jag har ofta svårt för allvarliga människor. Det betyder krav och jobbiga saker för mig. Nu skojade alla som vanligt. Kanske till och med lite mer än vanligt. Jag tyckte rösterna gick upp i falsett och var så där överdrivet positiva. Allihop. Jag genomskådade det. Jag gick ett varv i lägenheten. Alla tyckte det var sååååå fint. Nya fina möbler. Allt var precis som jag egentligen tycker om. Utom att det var lite för mycket nya möbler. Det fanns mycket plats där jag kunde lägga in alla saker från mitt rum. En stor ny tv, nya sängar, bäddsoffa, stort köksbord, fina gröna och rosa långa gardiner. Några nya prydnadssaker och lampor. Flera bokhyllor. Det var redan kökssaker i skåpen. I den stora klädkammaren fanns en massa av mina saker som jag inte sett på länge. Alla trodde jag skulle bli glad. De var förväntningsfulla. Jag gick ett varv, utan att säga något. Sen gick jag ut och sprang iväg.

Jag sprang hem och lade mig under täcket på sängen i mitt rum. Där var det tryggt och skönt. Jag ville inte flytta. Det var de andra som ville att jag skulle flytta. Varför måste jag flytta? Jag vill inte bli vuxen. Vuxen innebar ändå mera krav. Det är bra som det är. Även om jag var trött på mitt gamla lilla rum, så ville jag inte flytta därifrån. Jag var orolig och livrädd. Morsan kom snabbt efter mig. Jag ville inte prata. Jerry och Johan följde med Gurra hem. De tänkte stanna och äta och spela spel. Morsans förslag. Hon gjorde allt hela tiden, för att det skulle bli bra för mig. Jag kanske inte förstod det, men jag vet det är så. Morsan och Gurra började fixa mat. Jerry och Johan stod mig nära. De kom och pratade med mig i omgångar. När maten var klar så följde jag med ut till matbordet. Jag satt med nedböjt huvud resten av kvällen. Jag har svårt att relatera till andra människors känslor, men kan tänka att alla inte var så glada över att jag bara sprang därifrån. Jag krossade deras förväntningar.

Det gick veckor. Personalen försökte få dit mig, men jag ville inte. Morsan frågade lite om vad jag tyckte och försökte lite övertalning, men kom ingen vart med det. Det blev tyst om lägenheten i flera veckor. När morsan fått nog, så sa hon att jag fick bestämma själv. Hon sa att jag inte behöver flytta om jag inte vill. Ok. Jag öppnade upp lite. Jag fick ändå välja själv. Vi pratade lite om det. Jag tror till och med att hon hade bokat möte med handläggarna och skulle säga upp kontraktet. Men vi fick ett bra samtal. Morsan sa att jag kunde prova att flytta. Om det inte blir bra, så får vi komma på något annat. Jag hade bearbetat tanken på flytt och eftersom jag själv fick välja, så gick jag med på att prova att flytta. Morsan hade kollat upp att det var ok att de var med i övergången av flytten, vilket innebar att de skulle övernatta i lägenheten och personalen skulle ta över mer och mer. Vi var överens.

Veckan innan påsk, i april detta året, så packade morsan och Gurra ner hälften av alla sakerna i mitt rum och flyttade över det till lägenheten. Jag ville inte vara med, men såg när de packade ner och talade om vad de fick ta med sig. På påskdagen skulle jag flytta. Vi började tidigt på morgonen. Vi hade pratat om att först ta tv:n och tv-spel. Att jag och Gurra först skulle ta över de sakerna och Gurra skulle hjälpa mig att koppla ihop tv:n och Spel konsolerna i nya lägenheten. Jag kunde inte sätta fokus på annat, än att vi fick med alla saker, så jag hjälpte till att packa till det var klart. Jag var inne i min bubbla och ville se att allt kom med. Vi åkte över med sakerna. Sen köpte vi pizza och åt hemma innan vi gick över med de sista sakerna.

Vi hade en katt, som hette Dagny. Rasen Ragdoll. Vi hade henne i sex år. Hon var min nära vän. Vi fick ge bort henne till en arbetskamrat till mamma två dagar innan jag skulle flytta. Eftersom morsan och Gurra skulle sova hos mig och jobbade på dagarna, så kunde Dagny inte vara själv hemma. Jag var ledsen över att vi behövde ge bort Dagny. Men jag skulle få hälsa på henne, då morsan och Gurra skulle passa henne på somrarna. Så blev det också.

De första två veckorna fick jag ingen ro i min lägenhet. Jag kunde inte slappna av. Jag kunde inte sätta mig ner, utan gick bara runt och runt. Morsan hade tagit en vecka semester, för att visa mig var alla saker fanns och för att jag skulle vänja mig vid lägenheten. Personalen som kommit hem till oss sedan i februari, kom och gjorde lunch och middag i den nya lägenheten. Jag hann äta frukost med morsan och Gurra, innan de åkte till jobbet.

Personalen hade inte lika mycket tid som hemtjänsten hade när de gjorde lunch och middag. De kom in, frågade vad jag vill ha, lagade maten, stannade en stund och gick sen. Jag behöver mycket tid när jag ska äta. Det tar ett tag innan jag kommer igång med att äta. Jag känner ingen hunger och jag har ingen aptit på mat. Så har det varit i många år.

Personalen hjälpte mig bara med matlagningen till en början. Under tiden som morsan och Gurra sov över hos mig, så blev det naturligt att de skötte städning, handling och tvätt åt mig.

Inte långt efter att jag flyttat in, kände jag en stress i vissa situationer. Speciellt när personalen kom. De ringde på dörren och jag skulle gå och öppna varje gång. Om jag sitter och spelar tv-spel eller är på toaletten, så blir jag stressad. Jag kan bara göra en sak i taget, annars blir jag stressad. Jag sa det till morsan, eftersom jag inte kände personalen så väl. När jag blir stressad, så blir jag också irriterad och känner mig trängd. Hon sa till chefen på boendet att hemtjänsten brukade låsa upp dörren när de kom och bara ropa hej och fråga vad jag ville ha att äta. Chefen svarade att de inte jobbar så. De arbetar utifrån boendets policy. För mig blev det här ett större och större problem och jag blev mer och mer stressad. Efter en tid kunde de gå med på att när de ringt på dörren och om jag inte öppnade så gick de och kom tillbaka efter 10 min. Då ringde de på igen. Om jag inte öppnade då, så skulle de låsa upp. Redan från början var det svårt att slappna av med viss personal. Jag vet att jag är en extra känslig person och det är inte alla människor som förstår sig på mig. Men jag är inte elak, inte oförskämd och gör inte dumma saker mot andra. Men jag kan bli arg om någon pressar mig eller ställer krav, om jag är trött. Eftersom jag ofta är trött, så orkar jag inte så mycket. Tröttheten kommer till stor del av min höga perceptions känslighet, som inte är så ovanlig vid autism.

Sommarmånaderna gick. Morsan och Gurra jobbade på vardagarna. De handlade mat och annat hem till deras lägenhet och även hem till mig. De bar hem tvätten från mig och tvättade den hemma hos sig själva och tog sedan tillbaka den rena tvätten till mig och sorterade in allt i mina skåp. Jag var med när jag orkade. De städade sin egen lägenhet och även min. Allt för min skull. Utan betalt. De fick mig aldrig att känna mig till besvär. De skojade alltid. Tur det. Annars har jag en tendens att bli deprimerad.

Det var många vikarier på boendet på sommaren och vi väntade på att allt skulle bli stabilt, så personalen skulle kunna ta över och de skulle börja sova hemma hos sig igen.

En kväll i juni, så hade några grannar, en bit bort, en fest. Ljudet av basen dunkade igenom väggarna. Det vibrerade i hela lägenheten. Jag klarade inte ljudet för öronen. Morsan och Gurra försökte få mig att prova hörlurar och öronskydd, men det hjälpte inte. Bas vibrationerna var för höga. Jag sa till dem att jag måste bort från lägenheten. Jag måste ut. Morsan och Gurra, tog med mig hem till sig. Jag hade inte varit hemma sedan jag flyttade hemifrån. Morsan och Gurra hade inte heller föreslagit det. Jag kände mig vilsen. Mitt rum var tomt. Var skulle jag sova nu? Jag var rädd att jag inte skulle vilja gå därifrån igen. Jag sov på soffan. Jag vaknade tidigt och ville gå över till min lägenhet, eftersom jag hade alla mina saker där. Det tyckte morsan var bra och trodde jag börjat trivas i min lägenhet.

Förresten, så har jag inte beskrivit service boendet ordentligt. Boendet består av flera fristående lägenheter, som ligger i samma område. Det kan vara andra grannar och hus emellan de som tillhör boendet. Husen ser ut som radhus med träfasad. En familj bodde ovanför mig och en annan familj bredvid. Ingen av grannarna tillhörde boendet. Den gemensamma lokalen, var en lägenhet snett mitt emot min lägenhet, där personalen övernattade och utgick ifrån. De har ett gemensamt vardagsrum med matbord och tv, om man vill gå dit. Men jag ville inte det, eftersom det påminner om "skolan jag inte vill minnas". Även om jag vill ha vänner och sällskap, så känner jag mig inte hemma i den miljön som är på ett boende. Det gick mest äldre personer till den gemensamma lokalen. Jag ville träffa lite yngre personer. Jag frågade om jag kunde få bowla ihop med någon av de yngre som bodde på service boendet, men det blev aldrig så.

Sommaren gick. Morsan och Gurra började sova hemma hos sig igen. Jag hade bara varit hemma en gång sedan jag flyttade. Den där gången då det var fest på kvällen hos grannarna. Morsan frågade någon gång om jag ville hem och äta middag, men jag var inte redo och mogen för det. Det fanns en rädsla att inte vilja gå tillbaka till min lägenhet då och jag tror morsan fattade det. Hon tjatande inte. De kom till mig istället. Inte förrän när vintern kom, var jag redo att gå hem och äta middag. Sen fortsatte jag att göra det varje lördags kväll en lång tid framåt.

Jag hade fått ha kvar min kontaktperson och ledsagare över sommaren, innan kommunen hastigt avslutade insatserna. Jag hade bara en timmes egen tid i veckan på boendet. Eftersom jag inte kunde knyta an till så många i personalgruppen, så tackade jag oftast nej till den där timmen. Vi hann ändå inte göra något som jag önskade. Jag blev

sittande hemma hela dagarna, eftersom jag inte går ut själv.
Det var flera år sedan jag gick ut själv.

Personalen fortsatte att göra mat. Det gick oftast ganska fort.
Ibland tog jag en tugga innan de gick, men åt inte mer sedan.
Jag behövde få maten gjord på ett speciellt sätt, annars kunde
jag inte äta, eftersom jag är känslig för smak och konsistens.

När hösten kom fick jag tandvärk. Jag promenerade till
tandläkaren med en personal. Tandläkaren såg att tanden
behövde rotfyllas eller tas bort. Han tyckte det var bra om jag
kom till specialister på Danderyd, där jag gått förut.
Marina hade sagt till morsan innan jag flyttade in på boendet,
att alla i personalgruppen har körkort. Morsan hade berättat att
jag inte åker kommunalt och helst inte åker färdtjänst, utan
bara åker bil med personer jag är trygg med. När Marina sa att
det inte var ett problem och att personalen hade körkort, så
antog morsan att det fanns en bil tillgänglig som jag kunde få
åka i tillsammans med personalen när jag skulle till mina
vårdkontakter eller andra viktiga ärenden. Hon vet flera
verksamheter och boenden som har tillgång till bil. Företaget
som driver boendet är stort. Vid det här tillfället var boendets
chef med. Eftersom hon inte gjorde någon invändning, så
kände sig morsan trygg med att jag skulle få tillgång till bil.
När jag sedan hade behov av att komma till tandläkaren som
låg några mil bort, så fanns ingen bil jag kunde få åka med.
För mig blev det ångestladdat. Jag har åkt färdtjänst mycket
förut, men blivit mer och mer stressad av omständigheterna.
Flera förare har kört för fort. De byter fil snabbt. Dessutom är
jag känslig för ljudet på motorvägen och jag känner mig inte
trygg med förare jag inte känner. När jag skulle till
tandläkaren, så bokades en tid. En personal som jag inte
kände så mycket och som ofta var sträng, skulle följa med. Vi
skulle åka färdtjänst. Jag ville inte det, så tiden fick bokas om.
Det fick bli en personal som var lite mjukare i sättet som fick
åka med med. Det hann gå två månader innan jag kom iväg till
tandläkaren. Resan till tandläkaren var stressande. Chauffören
körde fort och verkade stressad. När vi kom till tandläkaren,
hade de gjort om sedan jag var där sist, några år tidigare. Det

kändes kalt och som ett fängelse. Jag kunde inte slappna av.
De skulle bara titta och sedan skulle vi boka en ny tid.
Hemresan gick bättre, men jag ville inte åka färdtjänst igen
och jag ville inte till den tandläkaren igen.

Morsan blev stressad av situationen. Jag hade ändå svårare
att äta nu, än tidigare. Hon kontaktade min ordinarie
tandläkare som ligger i närheten, som remitterat mig till
Danderyd.. Han sa att han ska ta bort tanden och att det
kommer gå bra. Jag skulle få åka bil med Gurra dit. Jag har
aldrig fått någon lugnande tablett, men morsan pratade med
en läkare som jag har stort förtroende för. Han skrev ut några
tabletter och jag fick en innan jag skulle åka och dra ut tanden.
Tandläkaren som förstod mig väl, hade anpassat allt för mig
och allt gick jätte bra. Jag blev behandlad som en prinsessa.
Tandläkarna på kliniken är några av änglarna.

Under hösten hade boendepersonalen och handläggaren
pratat med morsan om daglig verksamhet och jag hade fått en
bunt med papper som beskrev olika verksamheter, av
handläggaren som kom över till mig. Morsan och Gurra hade
försökt lämna över mer och mer ansvar till boendet. I det här
fallet var det att ge stöd och motivation till att börja på daglig
verksamhet. Boende personalen hade fått information om
mina behov av lågaffektivt bemötande och anpassade krav.
Morsan och Gurra tog ett steg tillbaka och lät
boendepersonalen sköta biten med daglig verksamhet. Min
kontaktperson Marina på boendet hade fått i uppdrag att
planera hur vi kunde gå tillväga. De hade tidigare pratat med
mig om det. Jag kunde tänka mig att titta på en verksamhet,
men jag tyckte samtidigt det var jobbigt, eftersom jag inte
kunde slappna av ordentligt hemma. Marina försökte flera
gånger prata med mig om vilken verksamhet jag kunde tänka
mig, men det var svårt för mig att fokusera. Jag både ville,
samtidigt som jag inte klarade att ta in det eftersom jag inte
hade fungerande rutiner i mitt hem. Jag minns en dag när
Morsan och Gurra var på besök. Vi visste inte att Marina
skulle komma och prata om daglig verksamhet. När Marina
dök upp och ville prata om daglig verksamhet igen, så blev jag

arg och bad henne gå. När hon inte ville gå, så slängde jag ut hennes skor. Jag var jätte trött och kände mig pressad. En del förstår det och en del förstår inte. Det var samtidigt som jag hade tandvärk och skulle ta bort tanden. Jag klarar inte flera saker på en gång.

Morsan följde hela situationen och gick med Marina till ytterdörren. Morsan pratade med henne. Marina sa att nu hade hon gjort som chefen sagt och försökt driva frågan daglig verksamhet, men det tänkte hon inte göra mer. Vilket Morsan förstod. Hon förstod att allt annat måste fungera bra först, innan jag kunde fokusera på en daglig verksamhet. Här nedan är dokumentationen, som personalen skrev:
Gick lite tidigare till T för att ha sagt innan idag att vi skulle titta på hennes pärm med olika verksamheter. Men som tidigare när jag tagit upp så blev hon riktigt arg. Denna gång gick hon till hallen och slängde ut mina skor. Hennes mamma och Gurra var där och spelade yatzy, men skulle gå innan middagen. Men blev inget med T denna gång. Så jag efter en stund gick därifrån.

När vintern närmat sig, så hade morsan hunnit påkalla många gånger både till boendet och till handläggaren att jag inte fick i mig min mat och att jag inte kom ut, även behovet av vårdkontakter som börjat utebli. Boendepersonalen hävdade vidare att de arbetar utifrån sin policy. Deras arbetssätt och deras policy hade under en längre tid visat att de inte uppfyllde mina behov. Handläggaren sa att det var boendets uppdrag att fylla mina behov. Varje gång morsan tog upp att det inte fungerade för mig, så fick hon samma svar.

I December så skrev en boende personal en lex Sarah. Morsan fick veta det, men fick aldrig ta del av den då. Hon fick den när hon bad att få läsa den vid ett senare tillfälle.
Personalen skrev följande:
Personalen upplever att hon tappar förmågor och blir mer apatisk.
Hon äter dåligt och visar tecken på avvikande ätbeteende, vissa dagar får vi slänga både lunch och middag.

Hon följer inte med ut.
Åker inte med färdtjänst och kommer inte till vårdkontakter.
Hon blir isolerad och ensam.
Hon får inte motion eller rörelse eller uträtta det hon behöver
för att må bra och få det att fungera i vardagen.
Hon tackar ofta nej till aktiviteter.
Hon uppvisar nedstämdhet och är inte intresserad av att delta
i de olika aktiviteter som medföljer egen lägenhet.
Vi har försökt med att sätta upp mål för att hon ska hantera
telefon men hittills har det inte fungerat.

Boendet meddelade handläggare på kommunen via mail, om
situationen. Det här var i December. Personalen hade jobbat
med mig sedan i februari samma år.

Det stod fler saker, så som att morsan begränsade mig för att
jag inte fick internet. Jag vet varför. De anpassade alltid
internet för min skull, när jag bodde hemma. Ibland gick jag in
på sidor, som inte var så positiva, när jag mådde dåligt, vilket
resulterade i att jag mådde ändå sämre. Jag hade också svårt
att avsluta när jag var inne på internet, vilket påverkade att jag
hade svårt att sätta fokus på saker som är viktiga. Morsan
hade pratat med Marina om att jag skulle få internet, men att
det behövdes stöd från personalen att hantera det. Eftersom
inte de viktiga rutinerna fungerade, så fanns inte möjligheten
för personalen att bidra med det och därför fick jag aldrig
internet i min lägenhet.

Jag ska beskriva några verkliga situationer som hänt på
serviceboendet. Jag uttryckte vid flera tillfällen att jag inte
orkar leva. Det var i situationer, där det ställdes för höga krav
på mig och jag blev stressad. Det berodde på att personalen
inte kände mig ordentligt och inte kunde individanpassa för
mig. Det satte djupa spår. Resultatet blev att jag sa nej, att jag
inte åt mat, att jag inte följde med till vårdkontakter. Jag blev
sittande ensam i lägenheten och fick inte mina dagliga sysslor
utförda. Jag mådde dåligt av att sitta ensam i lägenheten. Det
hade varit stor skillnad om det kom personal som kunde
individanpassa, förstå mig och ge mig mer tid.

Tyvärr dokumenterades inte allt av boendepersonalen. Handläggaren berättade att de har ett annat system och inte brukade läsa boendepersonalens dokumentation. Om boendepersonalen dokumenterat alla avvikelser dagligen och om handläggaren hade läst det, så hade chansen varit större att vi hade blivit tagna på allvar. Och jag hade kunnat få rätt hjälp.

Detta boende skulle vara det bästa i kommunen, enligt handläggaren och samordnaren.

Vid ett tillfälle så hade jag sett fram emot och längtat efter att besöka min moster Mona med familj, som jag brukar göra med morsan och Gurra. Vi skulle äta grillade kycklingfiléer och spela yatzy. De brukar grilla året om. Jag blev hämtad av morsan och Gurra vid fem tiden. Den här kvällen var jag mycket trött och satt med böjt huvud över bordet. Jag orkade inte prata och vara delaktig på samma sätt som jag brukade vara, när vi besökte Mona och Hans. När Morsan och Gurra skulle lämna mig senare på kvällen, så sa jag att jag inte ville leva längre och att jag inte ville vara i lägenheten. Jag berättade då att jag kände mig pressad på morgonen. Jag hade haft svårt att sova under natten. När jag blev väckt, så fick jag höra att jag måste dammsuga. Just när den personalen kom så kände jag mig väldigt stressad. Hon var chef/ arbetsledare i arbetslaget. Jag nämnde vid flera tillfällen under den period jag bodde där, att jag inte ville leva mer. Jag nämnde det för Morsan, Gurra och även till min kontaktperson, när jag fick tillbaka honom.

Jag brukade säga till personalen att jag inte ville ha mat eller att jag ville ha exempelvis nudlar, som gick fort att tillaga. Även om jag sedan inte åt dem. Ibland sa jag att jag hade städat, för att slippa pressen från personalen. Jag hade då försökt städa lite dagen innan för att slippa bli stressad när personalen kom. Morsan och Gurra har observerat mig när jag försökt städa tillsammans med dem. De har sett hur svårt jag har det med dammsugningen och även med våttorkning. Jag kan vara delaktig när jag orkar, men ansvaret för städningen kan inte ligga på mig. Jag kan inte förbereda inför städning av golven. Jag klarar inte av att plocka bort och sortera allt som ligger på golven, över stolar och soffan, så sakerna kommer på rätt ställe. Jag klarar inte av att få det rent och då är det ju ingen mening med att städa. När jag orkar vara delaktig, så måste det vara utifrån min egen förmåga, utan krav.

Personalen hade dokumenterat följande, samma dag som jag skulle till Mona:
idag när jag kom till T så rävsov hon, som hon brukar att göra. Jag pratade till henne, men hon svarade inte. Gick till toaletten och städade den. När jag kom ut satt hon i soffan. Jag sa då att hon fick dammsuga. Då sa hon nej. Jo, det måste du göra. Då sa hon att hon gjorde det igår. Jag frågade vad hon ville äta och hon ville inte ha något. Jo men en nudelsoppa kan du väl ta, sa jag. Då tog hon det. Hon var inte på något prathumör och svarade inte mig när jag frågade om hon skulle till moster ikväll.

Samma kväll som den här händelsen, så pratade morsan med Marina som jobbade då. Morsan blev orolig över situationen. Hon bad personalen att sänka kraven och inte sätta press på mig, när jag inte orkade.
Marina dokumenterade följande:
Info från T's mamma. Hon säger att när T känner att är en massa måsten och krav. Blir det för mycket för henne, så mår hon dåligt och får då ångest samt tycker det blir jobbigt att vara i lägenheten då. Det gäller då även fredagarna med hennes städ. Man ska kolla av att hur mycket hon orkar att vara med och städa, utan att det blir något krav för henne.

Några dagar senare hade boendepersonalen och chefen möte och tog några beslut rörande mig. Morsan och Gurra fick inte den här informationen, innan personalen meddelade mig.
Personalen dokumenterar:
Vill T inte följa med på dessa två saker som handling och städ. Så skall vi här och från och med nu inte: som personal gå och handla själv, om inte T följer med. Då blir det inte någon

85

handling över huvudtaget. Gällande städ. Samma sak där, om T inte vill städa (samarbeta), så skall personalen bara städa toaletten och badrummet.

Veckan efter den där fredagen, så skulle jag besöka Gurra och morsan på lördagskvällen, som jag brukade göra. När morsan ringde och sa att de kommit hem och att jag kunde komma över när jag ville, så hörde hon att jag var mycket upprörd. Då hade personalen precis meddelat mig att de inte handlar mer åt mig, om jag inte följer med. Under en tid så hade jag inte haft ork att följa med och det berodde på flera olika saker. Det berodde bland annat på trötthet, otrygghet med personalen och stora svårigheter med sinnesintryck som är en stor del av den funktionsnedsättning jag har. Innebörden för mig blev att ingen skulle handla åt mig alls. När personalen sa "en annan dag", så förstod jag inte vad det innebär. Personalen hade sina tider och sällan tid över. När skulle vi handla då? Tänk om jag inte orkade följa med då heller? Då blir jag utan varor. Därefter tog morsan och Gurra över handlingen åt mig. I fortsättningen handlade dem till mig oavsett om jag orkade följa med eller inte.

Personalen som meddelade mig om handlingen, var en av dem jag hade förtroende för. Hon dokumenterade följande: Verkade pigg och ville ha pannkaka. Tittade lite vad som skulle inhandlas i morgon. För att det inte skulle bli fel flingor köpta sa personalen att det är bra att vi går tillsammans. Reagerade direkt och undrade vem som bestämmer det. Märktes tydligt att hon blev irriterad. Hon gick sen hem till sin mamma och hon ringde personalen som talade om att det är bestämt att hon skall gå med och handla annars blir det en annan dag.

De här händelserna visar på hur det kan bli, om inte personalen känner mig väl. Det står mycket mer i dokumentationen, men de här händelserna, visar på hur jag kan uppleva stress och påverkas av det.

Personalen dokumenterade vid några tillfällen att jag åt dåligt, men vid de flesta tillfällen dokumenterades bara vad de gjort för mat, inte att maten sedan stod orörd och att jag inte åt, även om morsan påtalat det gång på gång.

Efter ovanstående händelser, så hade morsan och Gurra övertagit alla personalens uppgifter, utom att tvätta en gång i veckan. Personalen tog en tvättkorg av min tvätt, även om jag inte orkade vara med. Jag var bara med några gånger till tvättstugan. Ibland hade jag extra mycket tvätt och då tog morsan och Gurra med den och tvättade hemma hos sig.

Tyvärr blev det så att jag ville att personalen skulle komma så lite som möjligt. Jag sa vid ett tillfälle att jag ska börja fixa frukost själv. Jag gjorde ett par mackor till frukost åt mig, under någon vecka. Sedan glömde jag bort det. Jag tackade ändå nej när personalen kom. Jag blev därefter utan frukost varje dag. Jag ville att personalen skulle komma så lite som möjligt. Jag tror ni förstår att det fanns orsaker till det. Om det hade varit personer som förstod mig, som kunde anpassa åt mig och visade respekt för hur jag mådde, så hade jag mer än gärna velat att någon kom. Jag ville inte sitta ensam hela dagarna.

Jag åt mindre och mindre. Morsan och Gurra kom varje dag. Det hade blivit så illa, att jag bara åt när en personal kom. Då åt jag en till två pannkakor, medan hon var kvar. Hon kom en eller två måltider i veckan. När övrig personal kom, så åt jag ibland en tugga av maten, innan personalen gick. Sen stod maten kvar orörd. Morsan fortsatte att meddela boendet, men fick inte respons. Hon fortsatte då att ligga på handläggaren, men fick ingen respons, annat än att vi skulle titta på något annat boende alternativ. Det fick morsan hålla i. Jag kan inte föreställa mig eller veta vad som kan vara bra. Jag blir bara stressad av tanken på något nytt. Under flera månader pågick det här. Morsan och Gurra kom efter sina jobb och gjorde mat. De fick stanna flera timmar på kvällen, för att jag skulle få i mig lite mat och näringsdrycker. Under flera månader åt jag en gång per dygn. Boendechefen och handläggaren visste om det här. De visste mina behov av anpassning av mina måltider. Att jag behöver lugn och ro, tid och sällskap vid måltider. Mitt behov av kravlöst bemötande och att jag behövde viss tillagning av maten. Men ingen gjorde något.

Morsan hade sagt till handläggaren att hon var orolig att jag skulle bli sjuk, eftersom immunförsvaret blir svagare om jag inte äter. På sommaren blev jag sjuk. Morsan hade försökt på flera sätt, kontaktat handläggarens chef och kommunens socialdirektör för att försöka hitta en lösning, men fick inte respons. Det var inte lätt för dem att räcka till då de arbetade under dagarna. Så blev jag sjuk. Handläggaren tyckte att morsan kunde sjukskriva sig för att ta hand om mig. Det gjorde hon. I två veckor. Jag var dålig under flera veckor och var inte helt bra, när hösten kom. Jag klarade inte av att ta test för Covid -19, så jag vet inte om det var det jag hade. Jag hade hack hosta länge.

Efter det här gav morsan och Gurra upp. De orkade inte kämpa mer, för att få min vardag att fungera i min lägenhet. Det gick några månader till då personalen var helt bortkopplad, sedan sa vi upp lägenheten. Morsan hyrde ett förråd till mina saker och jag flyttade hem till dem igen. Morsan och Gurra packade ner alla mina saker en gång till, flyttade dem till förrådet och städade ur hela lägenheten.

Tillbaka hemma igen, med vetskap om att mina saker och möbler finns i ett förråd och att jag ska flytta någon annanstans. Var vet jag inte. Jag vill inte höra talas om att flytta igen.

Kapitel 12: Bemötande

För mig är det jätte viktigt hur jag blir bemött. Jag tror det är fler med autism och/ eller andra funktionshinder än mig, som är känsliga eller till och med extra känsliga för hur vi blir bemötta.

Jag tänker att oavsett vem man är, så vill man bli bemött med respekt för den man är. Det borde vara en självklarhet.

För att kunna bemöta någon rätt, så behöver man ha kunskap om personen. För personer utan funktionshinder, så räcker det oftast med att man blir respekterad och får ett trevligt bemötande. Men för oss med autism, så behöver man mycket mer kunskap om oss. I alla fall när det gäller mig. Jag är extra känslig för mycket och det är viktigt att alla som ska ge mig stöd och hjälp i vardagen vet om. Ju mer någon vet om mig och den känslighet jag har och tar hänsyn till det, ju lättare är det för mig att ge respons till den personen jag träffar. Jag måste känna att jag är respekterad, accepterad och förstådd. Då kan jag slappna av och ge respons. Annars låser jag mig. Jag blir stel och vet inte vad jag ska säga. Jag kan inte förklara hur jag fungerar, mår och vad som hindrar mig i vardagen, om jag inte känner eller har förtroende för personen. Därför är det viktigt att de som ska jobba med mig, tar reda på bakgrundsfakta och tar hänsyn till det. Det behöver inte vara mitt livs historia, men några viktiga punkter behöver de känna till om mig som person och min känslighet.

Om jag får rätt bemötande och personen är lugn, glad och frågar mig mycket, så kan jag öppna upp, om jag orkar för stunden. Då är jag jätte trevlig. Jag tycker om att berätta saker och tar gärna fram fotografier från olika tillfällen som jag vill berätta om. Jag visar gärna saker. Det är ett sätt för mig att kommunicera på. Jag pratar lika bra som andra och har ett bra ordförråd. Jag använder gärna fotografier och saker, som jag visar andra och pratar om.

Jag bjuder gärna på något att äta och jag vill gärna ge bort saker. Jag är generös. Men jag behöver få respekt. Att se en film eller tv-serie eller spela tv-spel ihop, hjälper mig att öppna upp för en konversation. Då hamnar fokus på något annat än mig själv. Det gör situationen mycket lättare, om det är en person jag inte känner så väl.

Om det blir tokigt, som det kan bli om någon kommer och försöker ställa krav eller pratar för mycket, när jag inte orkar, så blir jag sluten och tyst. Jag kan inte hantera situationen. Jag kan inte komma mig för att göra någonting. När jag var yngre blev jag arg och utåtagerande. Jag kunde inte hindra den frustration som överföll mig, när jag inte fick förståelse. Morsan och Gurra har jobbat mycket med det där, genom att anpassa för mig och prata om händelser vid rätt tillfälle. De har anpassat miljön, förhållningssätt. Det är inte så att jag kan bestämma vad som helst, men de har anpassat situationerna, så jag ska kunna få komma ut, få åka på semestrar, vara med på släktträffar, åka och handla m.m. De har förberett mig, anpassat så att vi har kunnat åka när det inte är för mycket folk. Vi har åkt på semester när det inte är högsäsong. De har fört min talan, när jag inte kunnat göra det själv och förberett läkare, tandläkare, personal kring min känslighet. När personer har lyssnat och förstått, så har tillvaron fungerat bra för mig. Men en del har inte tagit morsan, Gurra eller mig på allvar. De har bemött mig, så som de själva har tyckt att det ska vara. Då fungerar ingenting för mig. En del tycker då att jag inte är samarbetsvillig. Men jag har ingen ork helt enkelt. En del förstår. En del förstår inte. Det kan vara tufft. Det är inte roligt att få höra att man inte vill samarbeta eller att man är jobbig eller lat. Inte heller att jag inte vill göra något, för att jag aldrig behövt göra det när jag bodde hemma. De som inte vet hur jag har haft det och hur jag mått, borde inte uttala sig. Men det är många som gör det ändå. Jag har haft det bra hemma. De har tagit hänsyn till min dagsform hemma. Om jag har haft kraft och ork, så har jag kunnat göra och hjälpa till med en del saker. När viss personal har kommit, så har jag varit delaktig, när jag haft kraft. Men det finns de som sagt och tycker att jag skulle kunna diska själv och utföra andra sysslor själv, för att jag har armar och ben. Att jag inte vill samarbeta. De förstår inte alltid, vad det innebär när man har en hög känslighet, som många med autism har och hur trött man kan bli när man inte klarar vissa ljud, ljus och sociala sammanhang. Ibland i kombination med att jag inte sovit ordentligt. Jag har haft ojämn sömn, sedan jag var barn. Jag vet fler än mig, som har de här problemen.

Det finns ett modernt uttryck, som man kallar Lågaffektivt bemötande. När jag hörde det första gången, så tänkte jag att en del har ett sådant bemötande inbyggt. En del kan direkt känna av och läsa av den person de möter. De har en inbyggd respekt. Det kan jag känna direkt. Det första intrycket brukar stämma bra. Jag kan ha fel, men för mig är första intrycket jätte viktigt. Jag känner i luften, när någon kommer in och är stressad, när någon kommer in och vill kräva något. När personen redan har en bestämt uppfattning om mig. Jag känner det. Ibland kommer en ängel in i rummet. De lyser upp rummet med ett ljus som omger dem. Det kan jag också se och känna. De omger sig av ett lugn, ett litet leende, en lätthet som gör att jag kan slappna av. Det där ordet Lågaffektivt bemötande är jätte bra. Jag är inte säker på att alla människor kan lära sig ett lågaffektivt bemötande och jag är säker på att en del har det inbyggt, även om de aldrig har hört talas om begreppet.

Jag vill skriva ner lite information och tips på bemötande, från några experter inom området. Vissa tips är kring bemötande av personer som har ett utmanande beteende, men liknande bemötandet är viktigt även i mötet med andra personer som har en extra hög känslighet.

Socialstyrelsen(2015), skriver att det är omgivningens ansvar att komma på lösningar, så att personer som kan hamna i ett utmanande beteende, ska få ett bra liv(s. 11).. De menar att det ställs stora krav på personalen som arbetar med personer som har ett utmanande beteende. Vidare att personalen behöver ha inlevelseförmåga och ett stort engagemang. De behöver vara intresserade av individen och ta vara på all kunskap de får, för att hitta ett bra sätt att kommunicera, möta och motivera personen på. Det är av stor vikt att personalen kan arbeta avslappnat och prestigelöst gentemot sina kollegor och fortlöpande prova olika arbetes och förhållningssätt, för att hitta ett fungerande individuellt stöd för personerna de arbetar med. Socialstyrelsen menar också att det är viktigt att arbetsledningen besöker och har insikt i verksamheten, för att kunna stötta personalen i sitt dagliga arbete(s. 14). De menar att det är viktigt att analysera och att kartlägga och hitta lösningar för personer med funktionshinder. Att se till vilka faktorer som påverkar individens liv. Det behöver finnas dokumenterat en konkret beskrivning av den situation, där det utmanande beteendet uppstår. Beskrivningen bör innehålla frågor som: när uppstod händelsen, var någonstans, intensiteten i beteendet, vad var det för situation, vilka människor fanns närvarande(ex. andra deltagare, boenden, personal, anhöriga). Även en beskrivning av själva händelseförloppet – Vad hände före och efter(vilka blev konsekvenserna), vad sa och hur agerade personerna som var närvarande? Vidare poängterar de att det är viktigt att prova nya metoder och hålla fast vid det som fungerar bra. Om det inte fungerar, så behöver det omprövas. Det som prövas behöver utvärderas kontinuerligt och hitta förslag på lösningar. Vad gör vi härnäst? Personalen i en verksamhet behöver hela tiden analysera och göra upp en plan för hur man kan arbeta vidare(s. 15). Vidare rekommenderar de att personalen vid behov ska ha tillgång, till Alternativ och kompletterande kommunikation(AKK) och att de behöver ha kunskap om individens kommunikationsförmåga och funktionstillstånd. De ska kunna utesluta hälsoproblem. Det är viktigt att miljön är kognitivt och individuellt anpassad, med få stressorer(s. 22). När en individ ska förberedas inför en aktivitet eller händelse, så menar socialstyrelsen att personalen bör använda tydliggörande pedagogik, som är individanpassad, för att personen ska förstå vad som ska hända. De skriver vidare att det kan minska risken så att personen inte blir osäker, frustrerad eller hamnar i utmanande beteende(s. 42). Fortsättningsvis så rekommenderar de personalen att vara observant på personens tillstånd och behov. De menar att personalen bör anpassa sitt sätt att vara efter det och bemöta personen på ett lågaffektivt sätt, för att minska och förebygga utmanande beteende(s. 46).

Hejlskov(2018), skriver att en faktor som kan hjälpa individen att behålla självkontrollen, är om hen har en person i sin närvaro som hen har tillit till(s. 52). Vidare rekommenderar han att personalen behöver hitta en struktur som hjälpmedel, för att kompensera när en person har bristande förståelse för sammanhang(s. 102).
Han menar att personalen kan hjälpa individen att bli motiverad. Personalen behöver ha lite fantasi och försöka göra en "tråkig" situation lite roligare och mer inspirerande(s. 89 & s. 109). Vidare att det inte är ovanligt att individen har svårt med övergångarna mellan olika aktiviteter och kan behöva tydliga avslut och anpassad övergång in i nästa aktivitet eller syssla(s. 106 & s. 109). Hejlskov beskriver vikten av val och kravanpassning. Han menar att det är viktigt att

personalen har respekt och ställer rimliga krav, utifrån personens dagsform((s. 112-114). Han beskriver vidare cooping metoder, som betyder att individen kan hitta livshanteringsstrategier. Det är ett sätt att hantera stress och för att behålla självkontrollen. Det kan exempelvis vara att en individ vill skärma av sig från ljus och sociala kontakter genom att använda solglasögon eller använda hörlurar för att stänga ute ljud och när andra pratar(s. 117). Han berättar om belastningsfaktorer, att det är faktorer som individen är extra känslig för, som ökar stressnivån. Det kan exempelvis vara ljud, ljus och beröring(s. 125). Vidare skriver han att personalen behöver kunna se varningstecknen, om en person visar med sitt kroppsspråk om hen inte orkar eller vill vara delaktig för stunden(2018, s. 143). Hejlskov beskriver vikten av ett lågaffektivt bemötande, att det är personalen som måste anpassa sitt beteende och bemöta så att individen inte hamnar i affekt. Personalen får inte reagera med kraftfulla affekter. Det kan vara bra att undvika ögonkontakt med personen vid konfliktrisk. En ögonkontakt kan tolkas av individen att vi vill ha bråk och denne kan uppleva det som hotfullt(s. 195).

En rekommendation är att se Boendestödsfilmen(2013), som handlar om två högfungerande personer som har Autismspektrumtillstånd, AST. Filmen visar på hur det kan vara för en person som får rätt stöd och då får en välfungerande vardag och hur stressande det kan vara för en person som inte får det stöd och den förståelse som personen behöver. De två personer som filmen handlar om har båda boendestöd. Den ena boendestödspersonalen, inser vikten av att lära känna sin brukare, för att kunna bemöta personen och ge rätt stöd. Hon hittar strategier, som kan hjälpa personen som har perceptionsstörning och är känslig i vissa situationer och svårt att kommunicera. Boendestödjaren anpassar för personen och använder bland annat social berättelse, för att personen ska få tydligt stöd och förståelse över en speciell situation. Den andra boendestödjaren är inte medveten om sin brukares energiläckage och inte heller de kognitiva svårigheter som brukaren har. Brukaren som har dåligt minne och inte kan överskåda eller minnas vilken ordning och hur han ska exempelvis städa, upplever stress och kaos. Här skulle det behöva provas ut någon form av schema och se om det skulle underlätta för brukaren. Filmen beskriver flera situationer och tips, som skulle kunna hjälpa boendestödjare och annan personal att ge rätt stöd och förhållningssätt till sin brukare.

Kapitel 13: Tydliggörande pedagogik

Jag ska skriva lite kort om tydliggörande pedagogik och nämner några teoretiska anknytningar. Tydliggörande pedagogik kan hjälpa många som har NPF eller andra funktionsnedsättningar. Därefter ska jag nämna min egen erfarenhet av hjälpmedel.

Kognitiva hjälpmedel ska ge stöd för personer som har svårt med minnet, abstrakt tänkande, att organisera och planera sin dag, koncentrationen, med tid och att lokalisera sig. Personen behöver stöd i sina dagliga rutiner. Personens hjärna behöver stöd och hjälp att ta emot, lagra och hantera och bearbeta information. Personen kan ha svårt att kommunicera, interagera och utföra praktiska handlingar.

Ett kommunikationshjälpmedel behöver en person som har svårt att uttrycka sig och kommunicera. Det kan vara aktuellt för både personer som saknar tal, men även dem som har det verbala språket. Personen kan behöva stöd med att kommunicera för att kunna uttrycka sin vilja i olika sammanhang och för att förstå vad andra menar.

Ardoris(2017) berättar att tydliggörande pedagogik kan ge hjälp och stöd för individer som har nedsättning i sina exekutiva funktioner. Hon skriver att det kan avlasta individen och ge trygghet, om personen får använda visuella hjälpmedel vid vissa aktiviteter. Hon menar att personen kan bli hjälpt av att se planeringen eller en instruktion att följa, så kan det bli en hjälp för personen med tidsuppfattningen och det kan hjälpa personen att sätta fokus på aktiviteten(s. 23). Vidare berättar och beskriver hon om ett program som heter TEACCH(Treatment and Education of Autistic and related Communication handicapped Children) och utgår från tydliggörande pedagogik. TEACCH, har som syfte att tydliggöra struktur och visuella hjälpmedel. Det kan exempelvis vara scheman, bilder, rutiner, som personal kan hjälpa personen med att uppnå vissa mål(s. 24-25).

Thunberg(2019), skriver om AKK. Det är en förkortning på Alternativ och kompletterande kommunikation. Hon menar att alla som behöver, ska ha rätt till att få tillgång till AKK, som exempelvis kan vara bilder, tecken, talande hjälpmedel. Hon berättar att det har visat sig att AKK kan förebygga och även minska utmanande beteende och att det stimulerar personer till talutveckling. Hon menar att vissa personer med intellektuell funktionsnedsättning kan behöva AKK i en del situationer för att kunna uttrycka sig lättare och/ eller förstå bättre(s. 59). Vidare berättar hon om samtalsmatta som metod, där personen får hjälp av bilder som stöd att tala om vad denne tycker. Hon menar att mattan kan användas i olika miljöer, för att personen ska få uttrycka vad denne tycker om olika situationer, aktiviteter, kamrater, personal, vad denne gillar för mat, intressen osv(s. 80).

Jag har haft kontakt med Habiliteringen som kommit till mig i olika perioder under många år.

Jag har fått prova, scheman, "talande telefon" som morsan läste in påminnelser på, timstock som låter eller blinkar, kalendrar, duschinstruktion, kedjetäcke, Memo-day m.m.

Hjälpmedel för att komma ihåg, veta vad som ska hända, veta vilken dag, månad, år och tid det är, veta hur jag ska utföra en syssla och för att slappna av.
Flera av hjälpmedlen låter och de kan jag inte använda. Jag blir stressad av ljudet och att jag behöver avbryta det jag håller på med. Jag behöver göra saker i min takt. Exempelvis när jag duschar. När det gäller scheman, så glömmer jag att titta på dem. Eftersom jag har svårt att förstå tid och klockan, så är det också svårt att följa ett schema, om tiden är angiven. Ett lätt kedjetäcke har hjälpt mig under en längre period med sömnen.
Cissi från Habiliteringen som kom hem till oss en längre tid, sa att jag behöver ha en person som är mitt hjälpjag under dagarna. Jag hade också kontakt med Kristina på Habiliteringen under några år. Hon förstod alltid. Hon är en av änglarna som funnits genom åren. Jag är tacksam som har fått kontakt med Kristina igen, efter flera års uppehåll.

När jag åt frukost med Gurra och morsan häromdagen så uttryckte jag, att jag förstår bättre visuellt och lär mig bättre genom att se, än att lyssna när någon förklarar något. När någon ska förklara verbalt så blir det som en gröt i huvudet på mig och jag kan inte ta in det. Jag tog ett exempel, som när morfar skulle lära mig spela schack. Jag kunde inte ta in reglerna när han berättade. Det var några år sen och jag sa inget till morfar då. Jag tror bara jag sa att det var svårt. För mig hade det varit lättare att se när andra spelar. Jag skulle kunna gå in på YouTube och titta på en match, för att lära mig.

Allt handlar om motivation och ork för mig. Om jag är motiverad och blir inspirerad av någonting, så är det lättare för mig att fokusera och lära mig saker.

Jag har haft svårt att ta till mig och identifiera mig med hjälpmedel som erbjudits. Jag har haft svårt att ta in tanken på att ha funktionshinder och har ju även sökt hjälp hos psykolog på Habiliteringen för att prata om det. Med åren så har jag kunnat prata mer om det hemma. Men jag gillar inte att vara i miljöer där det är andra med märkbara funktionshinder. Jag har inte heller varit intresserad av att ta till mig hjälpmedel. Det kan hända att jag skulle kunna hantera scheman och olika instruktioner, om jag hade en person bredvid mig, som kunde vägleda mig och motivera mig. På sikt hade det kanske fungerat, men jag vet inte. Morsan och Gurra har provat att köpa flera olika kalendrar och almanackor. De har provat att göra tydliga instruktioner åt mig. De har frågat hur jag vill ha det. Jag har provat dem ibland, men sen har dem blivit liggande. Morsan och Gurra jobbar och har mycket att hinna när de är lediga, vilket gör att de inte kunnat ge mig stöd under dagarna och mina hjälpmedel har fallit åt sidan. Vi har hittat egna rutiner här hemma. Morsan köpte en varje dag kalender, som hon drog bort varje dag, eftersom jag själv glömde bort det. Hon köpte en kalender, där man kan se hela veckan. Under en tid så tittade jag verkligen i kalendern, för att se vad som skulle hända i veckan. Sen glömde jag bort den och tittade inte på det som morsan skrivit. Jag hade som rutin att duscha varannan dag. Morsan la in handdukar på min säng och sen gick jag utan problem in i duschen. Det var sällan jag hoppade över duschen.

När jag flyttade hemifrån, så vet jag morsan hade en förhoppning att jag skulle fortsätta att ha de rutiner jag hade när jag bodde hemma och att få nya rutiner och vara mer delaktig i dagliga sysslor utifrån min dagsform.

Tyvärr så tappade jag de rutiner jag haft. Morsan blev bedrövad när jag inte duschat på en vecka. Morsan fick börja motivera mig att komma in i duschen, när hon besökte mig i min lägenhet. Hon hade tidigare jobbat hårt för att duschrutinerna skulle fungera och hon hade varit glad över att jag hade skött min grundläggande hygien med visst stöd och hjälp, utifrån dem inarbetade rutinerna. När jag flyttade hem igen, så fick morsan fortsätta att motivera mig till att duscha. Det hjälpte inte att bara lägga fram handdukar. Jag gick inte in i duschen för det. Nu behöver hon påminna mig i flera dagar innan jag kommer in i duschen och hon behöver vänta ut mig, så att jag kan avsluta det jag gör och påbörja duschningen. Hon behöver hjälpa mig, med hårtvätt. När jag bodde på boendet, så blev hårbotten tjock av fett, då jag själv inte kan schamponera ordentligt och inte få håret rent.

Tyvärr tappade jag rutiner och förmågor den tid jag bodde på boendet. När jag kommit ur rutiner, så är det svårt för mig att komma in i dem igen. Då måste jag börja om och det kan ta tid att bygga upp rutiner på nytt.

Kapitel 14: Kamp med myndigheter

Hur ska jag gå vidare??
Vilka alternativ finns för en person med autism, för att gå goda levnadsvillkor och ett bra liv?

Jag vet att morsan haft mycket kontakt med myndigheterna för att diskutera kommande boende form och insatser för mig.

När handläggarna förstod att ett service boende inte var rätt för mig, så sa de att jag kan få en ut sluss lägenhet. En enskild lägenhet och personal som skulle komma dit. Det var när jag bott lite mer än ett år på serviceboendet, som de sa det.

Ganska snart ändrade de sig och sa att det är ett gruppboende, som de kan erbjuda mig. Morsan hade tidigare förklarat att det inte passar mig av flera olika själ och att jag inte själv vill det. Handläggarna höll fast vid att det skulle bli gruppboende.

Morsan och Gurra har länge förstått hur viktigt det är för mig att personalen känner mig väl, mina svårigheter, rädslor och oro kring olika situationer, för att få alla mina behov tillgodosedda. Min känslighet och de perceptionsstörningar jag har, bidrar till stor trötthet. Det är viktigt att personalen känner till dem och även mina styrkor och intressen. Det är dem, som gör att man kan bygga en god relation och förtroende tillsammans med mig.

Det visade sig att ett service boende inte fungerade för mig. Gurra och morsan trodde att det skulle vara det bästa för mig. De blev besvikna när det visade sig att de inte kunna individanpassa och vi var tvungna att tänka om. När man tillhör LSS som jag gör, så finns det inte så många boende former och alternativ att välja mellan. Här är de alternativ som jag känner till:

Gruppboende. Då har man rätt till personal dygnet runt. Personalen ska hjälpa till med allt man behöver hjälp och stöd med, även om man själv inte orkar vara delaktig alla gånger. De som bor där bor ofta tätt ihop och man delar gemensamma utrymmen om man vill. Då har man inte rätt att ha insatser så som kontaktperson eller ledsagare.

Serviceboende. Det ska finnas personal tillgängligt dygnet runt. De boende ska klara sig mer eller mindre själv och måste alltid vara delaktiga i alla dagliga göromål. Det finns gemensamma utrymmen, som man kan gå till om man vill. De andra som bor i servicelägenhet bor inte så tätt på. Lägenheterna kan ligga utspridda i ett bostadsområde. Jag fick inte ha kvar min kontaktperson och min ledsagare, men jag har hört att man kan få ha de insatserna när man bor på serviceboende.

Om jag önskar att bo i en enskild egen lägenhet, så behöver jag i mitt fall ordna lägenheten själv. När man har en enskild/egen lägenhet, kan kan exempelvis få insatserna: Personlig assistent, hemtjänst, boendestöd, ledsagning, kontaktperson, nattpatrullen(nattpersonal som kommer vid behov).

Här kommer en liten beskrivning av insatsernas nackdelar och fördelar.

Enskild lägenhet. Jag har hört en del personer som får en egen lägenhet genom kommunen. En del kan få personlig assistans. Assistenterna kan vara med och ge personen det stöd och den hjälp som personen behöver under dagen och natten. Några assistenter ingår i personalgruppen och man kan själv få välja sina assistenter. Det är ett bra sätt att få kontinuitet under dagen och att personalen har kontroll över vad som ska göras, bokas osv.)

Hemtjänst, boendestöd, ledsagning, kontaktperson och nattpatrullen(i vår kommun, eventuellt annat stöd i andra kommuner). Fördelen med några av dessa insatser, är att man kan välja vem man önskar ska komma. Det svåra kan vara att få en kontinuitet under dagen. Vem gör vad? Matlagning, handling, städning, tvätt, bokar läkare och tandläkare besök, följer med på besöken, följer med till daglig verksamhet. Det blir många fler personer som kommer under en dag, än om man har personlig assistent. Det kan bli stressande och svårt med att planera och organisera dagarna.

Varför är det så svårt för oss som har autism att få personlig assistans?
Många av oss som har autism, har svårt med förändringar och flexibilitet och det borde vara en rättighet för oss och självklart andra med liknande behov, att utan kamp och problem få beviljat personlig assistans eller om det är någon annan insats man är i behov av. Många av oss har en mycket stor känslighet och behöver få välja vår personal själv, för att vi ska

kunna ta emot det stöd och den hjälp vi behöver och för att vi ska kunna utvecklas i vår egen takt, på vårt eget sätt, för att få goda levnadsvillkor. Vi har rätt till goda levnadsvillkor enligt lag. Samhället skulle spara in tid och pengar på att slippa alla överklaganden som görs. Kommunerna tjänar dock in pengar då anhöriga kan tvingas att ta ansvar för sina anhöriga om de inte få rätt hjälp. Det blir en ond cirkel och sjukskrivningarna skulle gå ner och inte belasta samhället lika hårt, om anhöriga skulle slippa kampen om deras närståendes rättigheter. Det kostar dem tid, energi och pengar. Många anhöriga gör allt de kan för oss och det är inte ovanligt att anhöriga "går i väggen". Hur ska de orka jobba dubbelt i många år, om inte rätt insatser sätts in och dessutom föra vår talan och handlägga våra ärenden. Dessutom bemöts dem ofta med misstro. Trots att de arbetar och kämpar gratis för vår skull. När de söker personlig assistans för vår skull, så tror många att de gör det för att de ska tjäna pengar på oss. Det är så samhället ser ut. Några har fuskat och då misstros alla att fuska.

Tyvärr finns det inte så många alternativ för oss med autism, om vi ska få välja vår personal. Vi kan få hemtjänst. Det som ofta blir ett problem är att det kommer många olika personer ur personalgruppen under samma dag. De springer in och ut och har oftast inte så mycket tid. Min erfarenhet är att jag blir helt förvirrad av det.

En personlig assistent kan följa mig hela dagen. Från frukost, morgongöromål, förbereda mig inför Daglig verksamhet och kanske följa med. Åka med tillbaka och fixa lunch till mig hemma(vilket jag behöver på grund av mina behov vid matsituationer). För mig är det ett framsteg, om jag kan vara på Daglig verksamhet ett par timmar på förmiddagen, några dagar i veckan. Sen kan assistenten ge stöd och hjälp, när jag behöver duscha, handla, städa, tvätta och vid alla måltider. De kan också vara med och boka tid och förbereda mig inför läkare och tandläkare besök, som jag behöver gå på många gånger per år. De kan vara med till sjukgymnastik som jag behöver en gång i veckan, fotvård och dietisten som jag brukar besöka. Allt det här blir rörigt om hemtjänsten ska sköta. Det finns inga andra alternativ som jag vet, om jag ska få välja min personal själv.

Nu är det så att inte handläggarna tycker samma som mig. Mina anhöriga hjälpte mig att söka personlig assistans. Jag ska ge så kort beskrivning som möjligt av ärendet, även om ärendet är långt. Ansökan lämnades in i November. Jag sattes i kö för några nya utredningar, eftersom det behövs intyg från läkare och andra vårdkontakter. Utredningar gjordes sedan under januari – mars/ april. Allt sparades och skickades in samtidigt. Jag fick avslag på ansökan. Här nedan följer delar av yttranden mellan kommunens biståndshandläggare och mina anhöriga. Det är taget ordagrant ur dokumentationen.

1a yttrandet på det nekande beslutet/ avslag på ansökan om personlig assistans, gjorde mina anhöriga, följande:
Överklagan görs i ärendet, kring ansökan av personlig assistans för T, då det är den insats som T behöver för att få möjlighet till goda levnads villkor, utifrån Lss.

Överklagan innehåller mycket information om bakgrund och nuvarande situation, för att ge en helhets bild av T´s behov av personal med personkännedom och behov av hjälp i vardagen.

T´s företrädare, medverkade på ett SIP – möte kring T´s boendesituation i mars.
Under mötet medverkade: Biståndshandläggare, Habiliteringen, Rehabiliteringen, Läkare, Försäkringskassan. Intyg var också framtaget kring ljudkänslighet och Tinnitus och från Logoped, som granskat matsituationer(kunde ej medverka, men är gjort genom Habiliteringen).

Personlig assistans låg under den här tiden för utredning. Under mötet samtalades om vilka alternativa insatser som kunde vara aktuellt för T, när det gäller boendeform och personal insatser, om inte personlig assistans skulle bli beviljat.

Frågan diskuterades fram och tillbaka och kunde inte lösas.

Utifrån utredningar under våren, så framkom att T behöver stöd av en personal 24 tim. per dygn, som följer henne genom alla behov under hela dagen(information utifrån ADL-bedömningen, Rehab). Och att T behöver kunna välja sin personal själv.

Dessa två faktorer som grund och T´s egna önskemål, erfarenheter och behov, så hittade vi ingen lösning på vilka insatser som ska ge T hjälp i att komma vidare, få en vidareutveckling och få goda levnadsvillkor, som hon har rätt till enligt LSS.

Det vi kan se är att personlig assistans är den insats som kan individanpassas, ge en kontinuitet hela dagen och möjlighet för personalen att besitta den personkännedom som krävs och är svårt att tillgodose vid andra insatser. Vilket erfarenheterna bekräftar. Personal behöver god personkännedom om T, vid läkarbesök och tandläkarbesök och i andra sociala sammanhang, då hon själv inte kan föra sin talan och hon har stor rädsla och oro inför läkare och tandläkarebesök. Personkännedom och kunskap om bemötande krävs även, för att T ska få tillit till en person. Om inte detta sker, så blir hon låst och kan inte utföra någon daglig aktivitet utifrån sina personliga behov.

T har erfarenheter, som ligger till grund för ängslighet och svårt att ta till sig vissa miljöer och bemötanden.

Hon minns internatskolan, där hon gick i ca tre år, som "skolan hon inte vill minnas". Hon hade svårt att slappna av i den miljön och kände sig inte hemma. Hon utsattes för trakasseri av kamrater och var rädd i den miljön(se kopia på utlåtande från psykiatrin). Gruppboende, säger hon påminner om skolan. Hennes erfarenheter gör att hon inte önskar att flytta till ett gruppboende. Hon har svårt att identifiera sig med andra som har funktionshinder och är känslig för ljud och kan inte hantera situationer i mötet med personer som har märkbara funktionshinder. Hon har uttryckt vid flera tillfällen att hon inte vill bo i gemenskap med andra.

Serviceboende, är det alternativ som vi trodde på från början. Efter flera månaders arbete med att psykiskt förbereda henne och möblera anpassat i lägenheten, så fick vi henne att flytta in i lägenheten. Vi trodde att personalen skulle individanpassa rutiner, utifrån den utredning och information som boendepersonalen fått kring T, både skriftligt och muntligt. Här blev det inte så. Boendet arbetade utifrån sin egen policy, egen krav sättning och bemötande och kunde inte erbjuda den individuella hjälp som T behövde, vilket resulterade i att hon inte åt, inte kom till vårdkontakter och inte kom ut genom dörren, då även insatserna kontaktperson och ledsagning tagits bort. Fördelen var en egen lägenhet, som inte anslöt till övriga boendens lägenheter, vilket passar henne.

T har haft hemtjänst, när hon bodde hemma. Till en början hade hon hemtjänst till frukost, lunch och eftermiddags fikat, då vi arbetade. Det kom flera olika personer under de tre passen och väldigt snart blev hon förvirrad och stressad av situationen. Vi tog bort frukost och eftermiddag och det kom personal enbart en gång under dagen för att göra lunch, när vi arbetade. Det här alternativet var bra, då hon själv och även personalen kunde avgöra om de fick en god relation till varandra. Det vill säga att hon kunde välja personalen själv. Det var viss personal som kom henne nära, vilket underlättade vid matsituationerna, så hon kunde äta och hon fick gå en promenad eller spela spel med personalen efter lunchen. Det här alternativet är på gott, då hon kan välja sin personal. På ont, att det ofta inte är någon kontinuitet, vilket hon behöver. Det är många olika personal som kommer, vilket gör att det är svårt för T, som har autism, att knyta an till många olika i en personalgrupp. Det kan vara svårt för personalen som behöver ha den personkännedom som krävs, för att kunna ge rätt förutsättningar till goda levnadsvillkor. Tillvaron upplevs rörig och medför stress för T, när det kommer många olika personer under en och samma dag.

Även daglig verksamhet hade T under ett par år, som kom hem till oss. Under 5 månader hade hon en och samma personal, vilket fungerade mycket bra. Hon knöt an till personalen och de åkte till verksamheten och på andra utflykter. När denne slutade, så blev det en rad olika personer som kom och gick, till dess en personal blev varaktig under ytterligare något år.
Under tiden T bodde på service boendet, så kunde hon inte "ta in" tanken om daglig verksamhet, då den grundläggande hemmiljön inte var trygg och fungerande.

Kontaktperson och ledsagning, har fungerat utmärkt.
Ledsagning hade T samma person i 17 år. Hon fick komma ut, hon kom till vårdkontakter och fick sina behov tillgodosedda genom den insatsen. Personen som jobbade med T hade personkännedom om henne, vilket är en förutsättning för att T´s liv ska fungera.
Kontaktperson kom in några år senare via kommunen och en mycket god relation byggdes även här, vilket gjorde att T fick komma ut och handla, bowla och göra andra roliga och meningsfulla saker.
Det tar tid för T att känna tillit till en person och det behöver bli rätt från början.

Båda dessa insatser togs bort, då T flyttade till service boendet.
Kontaktpersonen fick en återanställning med några timmar i månaden, efter ca 8 månader.
På grund av pandemin har kontaktpersonen inte kunnat träffa T sedan i december, då han har närstående i riskgrupp. De har istället fått ha telefonkontakt.

Då serviceboendet inte kunde tillgodose T´s behov, utifrån deras policy, så fick anhöriga ta över mer och mer och från sommaren 2020, så har T inte haft personalhjälp från boendet. Lägenheten sades upp i december -20. Då hade T haft lägenheten sedan januari -19. Hon hade lägenheten under två år.

Utifrån önskemål från biståndshandläggare, så har utredningar gjorts under våren -21. T har gjort en ADL bedömning, en logoped bedömning kring matsituationer, haft kontakt med Rosenlunds klinik för ljudkänslighet och för Tinnitus, som hon besväras mycket av. Hon har fått utlåtande av sin allmänläkare på vårdcentralen.

Jag har efter avslag på ansökan rådgjort med socionom, som jag fått kontakt med genom Habiliteringen/ Stockholms regionen. Hon menar att kommunen kan bevilja personlig assistans utifrån de behov T har, även om hon inte har så kallad "hud mot hud" behov, då hennes behov av dagligt stöd är stora (24 tim. / dygn). Hon förstod att T svälter, som hon uttryckte det, om hon inte äter. En person som behöver "hud mot hud" hjälp vid matsituationer, svälter om de inte blir matade. En person som behöver personal med personkännedom vid matsituationer(anpassad mat), svälter om de inte får rätt förutsättningar, för då kan de inte äta maten. Vad är skillnaden?

Information om T´s behov, kring samtliga områden i livet, har getts till handläggare genom alla år. Flera utredningar är gjorda. T har en ökad känslighet i jämförelse med många. Vid autism är en ökad känslighet för olika omständigheter inte är så ovanligt. Med den erfarenhet jag och .... har, så kan vi jämföra med många olika personligheter som vi har mött i våra arbeten inom LSS OCH SOL, så är T en av de personer som besitter en mycket stor känslighet i mötet med andra människor, även en extra stor känslighet av de olika perceptionerna, vilket har försvårat för henne att få rätt insatser och rätt bemötande. Alla med funktionshinder har långt ifrån den här känsligheten, även om alla behöver få individanpassat stöd.

I mina studier under de sista två åren har jag stött på mycket litteratur som beskriver vikten av individanpassning, vikten av att se till varje specifik individs behov, intressen och egna önskemål och lagar kring detta. Samtidigt har T fått erfara hur verkligheten många gånger ser ut, vilket påverkar hela hennes livs situation, då flera av erfarenheterna hon har haft sätter spår för framtiden, i form av tillit för personal och personer hon möter och olika miljöer.

Personer med autism har ofta svårt att bearbeta och svårt att släppa det som hänt och gå vidare. Om en situation varit svår så krävs det mycket för att komma över det och kunna komma vidare. Om en liknande situation/ miljö uppstår igen, så kvarstår känslan som funnits vid tidigare liknande sammanhang, vilket leder till att personen inte vill genomgå samma sak en gång till.

Med de erfarenheter som T har, så behöver hennes nästa insatser vara fullt baserade på vad hon själv önskar och vad hon behöver, att de är individanpassade, för att hon ska få goda levnadsvillkor.

Vad hade hänt om inte T haft anhöriga under de två åren på serviceboendet, när hon inte:
Fick komma till de vårdkontakter hon har behov av
(läkare, sjukgymnast, dietist, medicinsk fotvård, tandläkare osv)
När hon inte åt varken frukost, lunch eller middag
När hon inte kom ut från lägenheten
När de meddelade att de inte handlar åt henne, om hon inte följer med(vilket hon oftast inte hade kraft till)
När de städade bara om hon var delaktig
När T sa att hon inte orkar leva längre på grund av de krav som sattes
???????
Vad hade hänt?
Det som står här ovan är en verklighet och det hände på riktigt under en längre period.
Varför blev hon inte lyssnad på?
Varför tog ingen henne på allvar?
Det får inte ske igen, det har satt sina spår.

Hur går vi då vidare?

Alternativet gruppboende, önskar hon inte själv.

Kan ett annat serviceboende individanpassas? Kan det fungera i kombination med ledsagare och kontaktperson om T får beviljat det med fler timmar?

Om och när T får en egen lägenhet (står i bostadskö), kan hon då klara sin tillvaro med stöd av hemtjänst, boendestöd (kan de individanpassa ?), ledsagare och kontaktperson. Vem har då grundansvaret för hennes dag? Och natt?

Vi vet inte än när T får möjlighet till en egen lägenhet, men vi ser på saken, som vi skrivit här i överklagan, att ända möjligheten att T ska få ett individanpassat stöd, utifrån egen vilja och behov, är att hon får en personlig assisten som kan följa henne under hela dagen och natten. Att assistenten är med från morgon till kväll, vid frukost, att få kommat till de vårdkontakter hon behöver, få komma till en daglig verksamhet (som hon i dagsläge väntar på att någon ska följa med), till lunch, middag, kväll/ natt. Och även få den hjälp hon har rätt till med städning, tvätt, handling, fritidssysselsättning och allt som tillhör, för att få ett liv med goda levnadsvillkor, utifrån LSS.

Om hon inte får rätt insats framöver, så kommer hon inte vidare i sitt liv och får inte den utveckling hon har rätt till i sin egen takt. Efter mycket motstånd, har motsatsen visat sig och hon har tappat förmågor, äter ändå mindre varierat och ser inte någon mening med tillvaron, eftersom hon inte fått förutsättningar att leva utifrån sina egna villkor och förmågor. T behöver nu få medgång och inte mer motstånd.

Nedan så lägger vi in några kommentarer kring beslutet och kommunens behovsbedömning, i hopp om en ökad förståelse för hur verkligheten ser ut. Vi bifogar ytterligare några intyg och uppgifter, som är meddelat kommunen tidigare, men allt har inte nämnts i utredningen.

Sidan 5, under allmänna villkor, Så är omfattningen att det behövs påminnelser under hela dagen, av personal med personkännedom.

Angående tandläkaren, så har vi fått ett intyg kring användning av tandskenor., som vi bifogar som bilaga.

Sidan 7, under matsituationer, så är behovet att maten tillagas på ett speciellt sätt, med rätt konsistens, rätt smak och rätt märke på matvarorna. Annars äter inte T. Skulle hon se ett hårstrå eller damm, så äter hon inte. Blir det fel behöver man laga ny mat. Hon behöver ha tillit till personalen för att äta. Här behövs stor personkännedom kring matvanorna. Erfarenheten visar tydligt att hon inte äter, om omständigheterna inte är rätt för henne. Hon känner inte hunger och är inte sugen på mat, vilket gör att hon inte ser någon mening med att äta och struntar i att äta, om omständigheterna inte är rätt.

Sidan 8, så står det att målet är att hon ska vara mer delaktig i matlagning. Det är ett mål, som är önskvärt, men ingen garanti för att det blir så, därför är behovet av hjälp med matlagningen till 100%.

Sidan 9, så poängteras att T har stora svårigheter med kommunikation i ett läkarutlåtande, vilket gör att hon är i behov av hjälp att kommunicera med den yttre omvärlden. Hon har svårt att kommunicera och väljer själv att inte göra det, om inte tilliten finns till personer i hennes närvaro, vilket framkom tydligt vid service boendet och i andra sammanhang. Hon har pratat själv med en handläggare vid ett tillfälle, vilket innebar stora förberedelser. Hon hade träffat handläggaren vid flera tillfällen innan och fått god kontakt. Efteråt mindes hon inte vad de pratat om, mer än att hon trodde de pratat om musik. Hon har svårt att hålla i minnet vad som samtalas om och även återberätta vad som sagts eller gjorts, i vissa situationer. Filmer, musik, spel, intresseområden är lättare för T att minnas och prata om och ett bra sätt att bygga relation, så hon kan slappna av. Det som är formellt och allvarsamt , så som möten och vissa samtal kan vara, blir hon mycket trött av och vill inte alltid vara med eller så önskar hon att ha en närstående med. Som hon själv säger, så vet hon inte vad hon ska säga och hon minns inget av samtalet efteråt.

Sidan 11, angående T´s motorik, så upplever vi att finmotoriken är bra. I utlåtanden i yngre år, så framkom att hon hade svårigheter med grovmotoriken. I samtal med Rehab...., så hänvisade hon vidare att vi kan rådgöra med sjukgymnast....på Rehab, där T gick varje vecka tidigare. Men det föll bort efter en tid i samband med flytt till serviceboendet och ledsagar insatsen tagits bort. T har inte varit där sedan hösten 2019, även om hon själv önskat fortsätta den kontakten. Vi har inte hunnit uppta kontakten igen och det får ske när möjlighet ges till det, då personal finns tillgänglig att följa med.

Sidan 11, i väntan på beslut om personlig assistans, så lämnade T in en ansökan om Service bostad, som T skrev under den 24/3, i det fall att insatsen personlig assistans inte skulle beviljas. Under SIP mötet samma datum, så diskuterades de olika alternativen, utan att komma fram till ett bra fungerande alternativ. Diskussionen kring service boende och att dessutom ha tillgång till ledsagare och kontaktperson var ett av alternativen som diskuterades och det ända som då kunde tänkas vara aktuellt att titta vidare på. Vi pratade om att det då behövs individanpassning från boendets sida, men vet inte om det finns möjlighet till det. Flera faktorer av det som står i den här överklagan, visar svårigheter med att bo i ett service boende och erfarenheten visar detsamma. Men det är inte avgörande innan det utforskats.

Jag har studerat klart i början av maj och skulle gå upp i arbetstid, men har fått meddelat min chef, att jag inte kan göra det, utan kan bara arbeta två dagar i veckan, 40%, till det finns en fungerande lösning för T.

Då vi nu behöver överklaga ärendet, så tar det ytterligare tid. Hur lång tid?

T kan inte "prova" fler alternativ, om vi inte tror det kommer bli bra och kommer fungera, utifrån det hon själv önskar.

Behovet att hon får komma vidare och få ett eget boende och rätt insatser är stort.
Vårt hopp var att detta skulle ha ordnat sig till den sista juni - 21.
Det krävs även för oss anhöriga en stor planering för att T ska kunna flytta igen, både fysiskt aktivt vid flytten och att psykiskt förbereda henne igen. Att kombinera det med arbete är inte hanterbart hur många gånger som helst.
Vi kommer så länge vi orkar och kan att hjälpa henne att föra talan för att hon ska få rätt insatser. Vi vill inte att hon ska tvingas till att tacka ja till en insats, för att situationen blir så pressad, som hon själv inte mår bra av. Då kommer hon inte framåt i livet.

Kommentarer till Rubriken: Behovsbedömning
Sidan 14, här anges vårdkontakter. Här är behovet av personkännedom hos personalen avgörande. T behöver ha tillit och trygghet med personalen, om hon ska följa med till vårdkontakter. Behovet är att få välja vem som ska följa med. Personalen behöver känna till den oro och ångest som T ofta känner inför läkare och tandläkare besök. De behöver kunna förbereda sjukvården på besöket, även om det ska stå i journalen, så är det av stor vikt att personalen känner till förhållandena. Det här har vi arbetat med, då tidigare rädsla och oro utmynnade i självskadebeteende.
Hur kan det här behovet tillgodoses på annat sätt och av vem?

Även kommunicering, som är beskrivet tidigare i överklagan, så kommunicerar inte T med vem som helst och hon kan inte ta emot hjälp och stöd, påminnelser, motivering av vem som helst. Påminnelser, motivering och rutiner behövs hjälp med under hela dagen.
Att T har svårt att kommunicera, har varit något som har påpekats under alla år. Det är en av hennes största svårigheter och har varit det sedan barndomen. Det är få personer hon får tillit till och hon önskar själv att få stöd i sin

112

kommunikation med både myndigheter och i andra sammanhang, vilket vi varit tydliga med från början.

I sin barndom hade T mycket svår ADHD, vilket medföljde ohanterbara dagliga utbrott under många år. I skolan gick hon i samundervisningsklass, sedan en klass i dåvarande ....skolan, med elever som hade ADHD, där hon blev rädd för de andra eleverna, som var mycket utåtagerande och högljudda. Vid tillfälle tappade hon besinningen och slog sönder handen på en lärare. (en underbar lärare som förstod felplaceringen och hennes frustration. Lärarna i denna klass var fantastiska, men hon klarade inte miljön. Hon fick byta skola direkt). Därefter blev det internatskolan, som hon kallar "skolan hon inte vill minnas". Med mycket arbete och samtal och anpassning, har detta beteende lagt sig, i rätt miljö.

Psykiatrin har varit inkopplad då T haft självskadebeteende vid flera tillfällen, vid stress, oro och krav över sin förmåga, vilket man kan se av ärren på hennes armar.
Vid för höga krav på boendet, så meddelade hon själv att hon inte orkar leva. På boendet kastade hon ut en personals skor och saker, då hon blev pressad över sin förmåga. Hon sparkade mot en personal när denne försökte väcka henne genom att skaka på henne. Hon ville inte att dem som ställde för höga krav skulle komma mer. I rätt miljö, med rätt bemötande och kravsättning, så förekommer inte ett utåtagerande beteende. Det är vad vi har arbetat för. Den här informationen har meddelats tidigare.

Sidan 15, Det här visar på att en personal inte bara behöver allmänna kunskaper om funktionsnedsättningen, utan personalen behöver ingående kunskaper om hennes individuella behov, förmågor och funktioner. Personalen behöver kunna känna in och ta ett steg fram när det behövs och ett steg tillbaka när det behövs.

I läkarutlåtanden och övrig information genom åren, så framgår det att T inte kommunicerar med personer hon inte har tillit till. Hon har då inte förmågan att framföra de saker hon

113

tycker är bra eller det hon tycker är svårt och jobbigt. Då bär hon det inom sig eller förmedlar det till en person hon är trygg med och litar på för stunden.

T utför ingenting om hon inte har en personal omkring sig, som har en djupgående personkännedom och kunskap om henne.
Hur ska då behoven tillgodoses? Av vem?
Erfarenheten har visat att hon inte äter, inte duschar och sköter sin hygien i de här lägena.

Sidan 16, Vad gäller att spola öronen, så frågar hon själv med jämna mellanrum om vi kan hjälpa henne, vilket vi gör. Det kommer ofta ut mycket vax. Det är på hennes önskan vi hjälper henne. Inget läkarutlåtande finns här tillgängligt, då vi har hjälpt henne med det.

Sidan 18, Vad gäller maten, så behövs djupgående personkännedom kring konsistens, tillagning, val av fabrikat, förtroende och tid. Om det blir fel, så äter hon inte och maten behöver lagas om.

Inköp likaså. Erfarenheten visar på det. När hon vid några tillfällen orkade följa med personal från boendet till butiken, så köptes det "fel" varor. Hon sa själv att hon blev stressad i butiken och inte kunde tänka, då det var bråttom. Många varor fick kastas, då hon inte ville använda dem. Även om utförliga listor var skrivna, så hade inte personalen tid att ta del av dem och de saknade personkännedom och då blev det "fel" för henne, då hon själv inte kan ansvara för att handla rätt saker. När hon inte sedan orkade följa med och handla, så meddelade de direkt till henne att de inte handlar om hon inte följer med.

Sidan 19, att förbereda måltider bedöms inte behövas tid till, utan tillgodoses på annat sätt.. Se våra kommentarer högre upp.

Under rubriken behovsbedömning, så får vi sammanfatta med att T behöver personal med stor personkännedom och stor kunskap om hennes förmågor, behov, egna intressen och önskemål och svårigheter, under samtliga rubriker och göromål, för att kunna ta emot den hjälp hon behöver för att få goda levnadsvillkor, som hon har rätt till enligt rättighetslagen LSS.

Vi sänder med bilagor på flera intyg.
Mvh
Anhörig
A

Bilagor:
1 Beslutet, avslag och yttrande från kommunen,
2 Läkarutlåtande, ..., 2020.
3 Läkarutlåtande, hörselkliniken: Ljudkänslighet och Tinnitus, Rosenlund, Karolinska, 2021.
4 ADL – bedömning, Rehabiliteringen, Rehab ...., 2021.
5 Habiliteringen SIP, ... 2021.
6 Habiliteringsplan, Habiliteringen ...., 2014.
7 Läkarutlåtande, ...i, överläkare, Psykiatrin ...., 2013.
8 Prima, psykiatrin, läkaren ...., (kontakt vid självskadebeteende), 2013.
9 Läkarutlåtande, ...,
10 Fullmakt av T, 2021 och tillsvidare
11 Tandläkare kliniken,........ Tandläkarens intyg
s. 1-3. ....kommuns yttrande av överklagan

Någon månad senare maj- 21, kom ett yttrande, från kommunen. Det såg ut så här:

Bemötande av uppgifter
Kommunikation som grundläggande behov
För att kommunikationen ska bedömas som ett grundläggande hjälpbehov krävs att personen ska ha sådana svårigheter att förmedla och ta emot budskap att den som ger assistans behöver ingående kunskap om personen, dess

funktionsnedsättning och det särskilda sättet som personen kommunicerar på. Det innebär att det måste finnas stora svårigheter för andra personer att förstå vad personen vill. Det krävs en när kännedom om personens uttryckssätt, förmåga att förstå och uppfatta andra och som måste förvärvas av en som har sådan kännedom. Tiden som det tar att förvärva kunskapen är avgörande i fall kunskapen ska bedömas som ingående eller inte. Av detta följer att om det enbart krävs kunskaper om ett alternativt kommunikationssätt, men inte specifika kunskaper om personen och funktionsnedsättningen så bedöms hjälpbehovet inte som ett grundläggande hjälpbehov.

Det framgår i underlagen att T har svårigheter i kommunikationen och väljer att inte prata om hon inte har tillit till personen. Det framgår att T kan prata men bara till vissa utvalda. Det framgår i underlagen att T kan ta emot korta muntliga instruktioner. Det framgår i överklagan att andra personer har kommunicerat med T och att hon har kommunicerat med dem och de har förstått henne, men att det har krävts förberedelser inför mötet. Särskild kunskap handlar om vad som krävs för att hjälpa personen att kommunicera med andra. Att personlig relation kan underlätta och förbättra tolkningen påverkar inte bedömningen.

Det styrks inte i underlagen att T har behov av en tredje person för att kommunicera med andra och att denna person behöver ha särskilda kunskaper för att tolka åt samt förstå T. Det styrks således inte att T har ett särskilt kommunikationssätt eller använder alternativa kommunikationsmedel som en annan person behöver lära sig eller att personen behöver ingående kunskap om T och hennes funktionsnedsättning. Socialnämnden bedömer att T`s behov av stöd med kommunikation kan tillgodoses av en person med allmän kunskap om henne, hennes funktionsnedsättning och kommunikation.
Informationen som framkommer medför inga ändringar i Socialnämndens bedömning.

Ingående kunskap

Det framkommer i utredningen att T har diagnos autism XXX. Därmed också en psykisk funktionsnedsättning. Det framgår inte att T har behov av ingående kunskaper i form av aktiv tillsyn av övervakande karaktär. Det har i underlagen framkommit att T klarar av att sysselsätta sig själv i sin lägenhet utan att någon behöver finnas vid hennes sida hela tiden. Hon har inte självskadebeteende, aggressivt utåtagerande beteende som riskerar hennes egna eller någon annans hälsa. T har behov av påminnelser och påputtning för att klara av situationer i sin vardag. Det styrks i underlagen att T är i behov av påminnelser och motivering för att genomföra personlig hygien och i matsituationer samt stöd vid ledsagning och hushållssysslor. T genomför dock momenten självständigt utan praktiskt stöd.

Socialnämnden står fast i sin bedömning att T inte har behov av kvalificerade motivations eller aktiveringsinsatser på grund av stora kommunikationssvårigheter. Det framgår i underlagen och överklagan att T har lättare att ta emot instruktioner och medverka i momenten om hon känner tillit till personen som ska hjälpa henne. det stryks däremot inte i underlagen att denna person behöver ha ingående kunskaper om T´s funktionsnedsättning eller sätt att kommunicera för att överhuvudtaget kunna hjälpa henne. Socialnämnden bedömer därmed att T´s behov av tillsyn inte innefattas inom grundläggande behov.

Bemötande av bilagor
Bilaga 5 – SIP protokoll daterat...mars -21.
Det som framkommer i bilaga 5 medför inga uppgifter som ändrar Socialnämndens bedömning.

Bilaga 6 – Journalblad daterat 23 sept. -14.
T´s behov av påminnelser vid exempelvis dusch och andra vardagsaktiviteter styrks i bilaga 6. Det framgår att hon har bristande ork och känner oro och nedstämdhet. Informationen som framgår i underlaget ändrar inte Socialnämndens bedömning.

Bilaga 8 - kallelse till PRIMA... daterat 3 maj – 13.
Det som framkommer i bilaga 8, medför inga uppgifter som
ändrar Socialnämndens bedömning.

Bilaga 9 – läkarintyg för färdtjänst 8 mars -12.
Det styrks i intyget att T har koncentrations- och
minnessvårigheter samt vissa kommunikationssvårigheter. Det
framgår att hon har svårt att ställa frågor till okända personer
samt fatta beslut om ändringar skulle ske. Informationen som
framgår i underlaget ändrar inte Socialnämndens bedömning.

Bilaga 11 – Journalutskrift 3 maj -21.
Bilaga 11 styrker att T har behov av användning av
tandskenor och stöd till tandläkarebesök. Hon behöver hjälp i
form av att applicera tandkräm. Informationen som framgår i
underlaget ändrar inte socialnämndens bedömning.

Sammanfattning
T behöver stöd i form av påminnelser och muntlig påputtning i
genomförandet av hushållssysslor, vid ledsagning, personlig
hygien och matsituationen. Hon genomför sedan praktiska
momenten självständigt. T behöver känna tillit och trygghet till
personen som hjälper henne. Socialnämnden bedömer att det
inte framgår i underlagen att personen som hjälper T behöver
ha ingående kunskaper om T som person, hennes
funktionsnedsättning eller sätt att kommunicera eller använder
särskilda kommunikationsmedel och att det behövs en tredje
person i kommunikationen med andra.
Hjälpen bedöms vidare inte vara av särskilt krävande eller
förbehållen komplicerad natur eller av mycket känslig eller
privata slag som förutsätts vid hjälp av personlig assistans.
Varav tid inte har beräknats för de övriga behoven då tid för
de grundläggande behoven har beräknats till 25 minuter per
vecka och därmed bedöms T behov av hjälp inte vara av den
karaktären eller omfattningen som förutsätter personlig
assistans enligt 9§ 2 LSS.

Uppgifterna i överklagan i övrigt föranleder inte en förändring i det överklagade beslutet och Socialnämnden står fast vid sitt beslut.

Kommun…
Enhetschef
Biståndsenheten LSS
Myndigh funktionsnedsättning

Efter kommunens yttrande, så tog morsan kontakt med en Jurist i maj-21, utifrån rekommendation av en Socionom på Habiliteringen. Här följer 2a yttrandet:

Morsan kopierade ytterligare intyg och bad att få intyg från läkare och Habiliteringen och lämnade in följande yttrande, inkluderande flera bilagor. Juristen tryckte på detaljer som behövde formuleras grundligt och att göra tidsangivelser för vissa dagliga sysslor.

Det här skrev morsan i maj/ juni-21:
Gällande:
T
Född:

T har stora och varaktiga psykiska funktionsnedsättningar som orsakar betydande svårigheter i hennes liv och därmed omfattande hjälpbehov.

T har diagnoserna Autism, Psykisk funktionsnedsättning, intellektuell funktionsnedsättning, tinnitus och ADHD.

T har på grund av sina diagnoser stora svårigheter i det dagliga livet vilket resulterar i att hennes grundläggande behov utan stöd av personal med personkännedom inte blir tillgodosedda.

T har varit beviljat serviceboende från vilken hon nödgats att flytta tillbaka till föräldrahemmet på grund av brist i omvårdnad och tillsyn. Nu ligger allt ansvar för Ts omvårdnad och tillsyn på anhöriga, vilket inte vare sig är hållbart då vi båda har förvärvsarbeten eller rimligt med hänsyn till att T är vuxen.

Intyg bifogas som stärker vilket stöd och hjälp T behöver för att få sina grundläggande behov tillgodosedda, utifrån de behov och svårigheter, som T har.

Vid SIP-möte, 3/6-21, diskuterades vilka ytterligare intyg som behöver komma in:
Läkarintyg från .... kring olika vårdkontakter/ behov och Intyg från Habiliteringen i ...., inväntas och skickas till förvaltningsrätten i Stockholm, så snart de kommer in.
Ett mer detaljerat intyg (utöver det som redan är inlämnat), ifrån Arbetsterapeut ...., kan utfärdas tidigast i höst och hinner därför inte bifogas till överklagan.

Morsan räknar själv ut hur mycket tid det går till mina dagliga sysslor för att få jag ska få mina grundläggande behov tillgodosedda. Hon utgår ifrån vad mina behov är och hur jag behöver bli bemött för att behoven ska kunna tillgodoses. Sen fortsätter hon med följande rubriker.

KOMMUNIKATION:
Tidsangivelse: stöd med kommunikation under vaken tid under hela dygnet, med förberedelse inför varje ovanstående moment som är minutbedömt från ca 15 min. -
...?.....minuter.

T har behov av stöd i kommunikation i samtliga sociala sammanhang, då hon inte alltid förstår budskapet i kommunikationen och inte heller minns vad som är talat om. Hon har också svårigheter att uttrycka sig och ge en förklaring på tillvaron, vilket gör att andra personer missuppfattar och inte förstår vad hon önskar, vill eller inte vill. Om hon inte själv förstår sammanhangen, så kan hon själv inte heller svara på vad hon vill och inte vill alla gånger. Här behöver T kvalificerad motivations och aktiveringsinsatser, av personal med ingående kunskap om henne, då konsekvenserna annars kan bli ett utåtagerat beteende och självskade beteende om personalen missförstår henne och sätter högre krav på henne, än vad hon kan hantera, vid dagliga sysslor så som vid matsituationer och att sköta sin hygien och andra göromål. Hennes svårigheter med tid och rum, kan också komplicera en kommunikation, då begreppet inte finns när en händelse pågått eller ska komma. På grund av hennes svårigheter med kommunikation, då missförstånd lätt uppkommer, så behöver hon ha personal med ingående kunskap om henne och kan ge kvalificerade motivations och aktiveringsinsatser vid rätt tidpunkt, för att ge henne möjlighet till att få sina grundläggande behov tillgodosedda.

T behöver en tredje person, med ingående kunskap om henne och tillsyn av övervakande karaktär, i all form av kommunikation med sociala kontakter, vårdkontakter och myndigheter, konsekvensen kan annars bli fel vårdbehandling, bemötande som kan påverka T negativt, vilket kan leda till destruktivt tänkande och självskadebeteende och fel insatser för henne.

För att T ska kunna kommunicera och vara delaktig, krävs stor personkännedom om hennes sätt att kommunicera och en förståelse för de svårigheter T har att ta till sig den information, förstå och minnas det hon tillförs. Det innebär också att T inte kan föra viktig information vidare. Vid fråga vad hon pratat om kring olika händelser, är svaret att hon inte minns eller vet. Vilket gör att hon inte har förmågan att utföra sysslor, som personalen sagt "i farten", då hon inte har förmåga att hålla kvar informationen i minnet. På grund av hennes svårigheter med kommunikation, bristande förmåga att förstå situationer och sammanhang och hennes dåliga minne, så behöver hon ha personal med ingående kunskap om henne och behöver kvalificerade motivations och aktiveringsinsatser, för att ge henne möjlighet till att få sina grundläggande behov tillgodosedda.

Erfarenheten, då hon en gång haft ett eget samtal med en myndighet (mycket förberedelse och hon hade träffat personen flera gånger och godkänt att träffa personen själv vid ett tillfälle i sitt hem), är att hon inte mindes vad de pratat om, mer än om musik. Viktig information kan inte T förstå innebörden av och hålla i minnet. Om hon inte haft förtroende för personen, hade hon inte pratat alls. Hon vet då inte vad hon ska säga, enligt henne själv. Även vad vårdkontakter har sagt eller vad hon själv sa, kan hon inte förstå innebörden av eller återberätta, vilket gör att erfarenheterna visar att T är i behov av en tredje person med ingående kunskap om henne, för att undvika missförstånd, som kan leda till missmod och självskadande beteende.

T kan inte anförtros ansvar av dagliga sysslor och andra göromål eller kommande händelser, då hon brister i att förstå och minnas det som ska hända och när, vilket bland annat beror på bristande kommunikation, då hon inte har förmågan att fråga och be om hjälp. Eftersom hon inte ber om hjälp eller kan förklara sig, så blir hon lätt missförstådd då personalen inte förstår henne. På grund av hennes svårigheter med kommunikation, bristande förmåga att förstå situationer och sammanhang, hennes dåliga minne och att hon även är oförmögen att fråga och be om hjälp, så behöver hon ha personal med ingående kunskap om henne, med tillsyn av övervakande karaktär, för att motverka frustration och självskadebeteende, som kan uppstå om hon inte förstår och inte kan fråga och för att ge henne möjlighet till att tacka ja och få sina grundläggande behov tillgodosedda.
T har diskuterat alternativa hjälpmedel och Kognitiva hjälpmedel har testats och arbetsterapeut kom fram till att T behöver en person, ett "hjälp jag" vid sin sida för att utföra någon syssla, så som sina grundläggande och övriga behov.

Frågeställningar, ur: Försäkringskassans Vägledning 2003:6 Version 27, s. 100. (Rättsfallsöversikt – personlig assistans Anser 2012:2). Detta innebär dock inte att kommunikation inte kan beviljas som andra personliga behov, om förutsättningarna för det är uppfyllda,

För att man ska kunna bedöma om behovet av hjälp med kommunikation är ett grundläggande behov behöver följande frågor vara besvarade:

Vilken särskild kunskap behövs om personen som har svårt att kommunicera? Kan vem som helst förstå personen enbart genom att ha kunskap om funktionsnedsättningen och kommunikationsformen eller behövs en mer specifik kunskap om personen? Vilken specifik kunskap behövs om funktionsnedsättningen? Vilken specifik kunskap behövs om kommunikationssättet? I vilka situationer behöver personen hjälp med kommunikation?

Jag tror sammantaget hela yttrandet ger en beskrivning och svar på ovanstående frågor. Men en förklaring ges till hur man kommunicerar lättast med T, vilket innebär att personalen behöver ingående kunskap om T:

Personalen behöver lyssna och observera och avgöra dagsform, anpassa och sedan ha "glimten i ögat" och föra samtal med en ton av humor, för att T ska ha möjligheten att tacka ja till att ta emot stöd och hjälp och få sina grundläggande behov tillgodosedda och få goda levnadsvillkor, utifrån LSS. T har svårt för, som hon själv säger, personer som är "allvarliga" och det visar erfarenheten från både skolor och tidigare personal. "allvar" förknippas ofta med krav, som då T inte alltid har klarat av att uppfylla. Det är därför viktigt att personalen kan läsa av T och kravanpassa och motivera med glimten i ögat.
T behöver ha ett lågaffektivt bemötande. Hon har även en stor känslighet för andras tillstånd. Om någon kommer och är stressad, så upplever hon att personen "är sur" och kan även fråga om det är så, om hon känner personen väl. Om hon inte känner personen, så drar hon sig istället undan, sluter/ låser sig och hamnar i sin bubbla. Likaså sker vid hård ton och tillrättavisningar. Att diskutera hur och vad man kunde göra på annat sätt, kan bara göras vid goda stunder och med glimten i ögat och med person som har ingående kunskap om T. Man kan då ta upp en situation som varit svår och prata om den och hon kan då skratta åt händelsen och eventuellt förstå att det var tokigt om hon får en enkelt beskriven förklaring.

Med hårda ord och tillrättavisning, så backar hon, mår dåligt och det finns risk för självskadebeteende. Vilket erfarenhet visar på.
För att få ingående kunskap om T, så krävs tid och intresse hos personalen, som behöver ta del av information kring T och även lära känna henne, utifrån hennes intressen och styrkor resp. svårigheter.
Som beskrivs mer i nästa stycke, så behöver personalen ta hänsyn till vad det är som ger T oro, stress och rädslor, som behöver tas hänsyn till i kommunikation med T. Också hennes perceptionskänslighet och kognitiva svårigheter, som beskrivs i stycket under.

INGÅENDE KUNSKAPER OM PERSONEN:
Tidsangivelse är behov under hela dygnet, vid både planerade insatser och oförutsedda händelser.

T har bland annat en psykisk funktionsnedsättning och personalen behöver ha ingående kunskaper om T, då de behöver vara medvetna om hennes perceptions känslighet med ljud, ljus, värme(svettas mycket), smak och konsistens och även hennes svårigheter att kommunicera och minnas/ behålla information som sägs vid en konversation. För att kunna ge stöd vid de grundläggande behoven, behövs kvalificerade motivations och aktiveringsinsatserinsatser och även tillsyn av övervakande karaktär, av personal med ingående kunskaper om T. Om inte hänsyn tas till T´s I dagsform och perceptions känslighet, kan konsekvensen bli utåtagerande beteende eller självskade beteende.
Vid en dålig dagsform med dålig sömn, så ökar svårigheterna med perceptionerna och minne, kraft, ork finns inte och då behövs stor anpassning vid samtliga dagliga sysslor, inkl. att sköta sin hygien och äta. Om det ska bli av och om T ska få några sysslor utförda under dagen, vad gäller de grundläggande behoven, så behövs kvalificerade aktiverings och motiveringsinsatser, samt aktiv tillsyn av övervakande karaktär, utifrån HFD2020, som Försäkringskassan skriver på sidan 93, (Försäkringskassans Vägledning 2003:6 Version

27), konsekvenserna kan annars bli självskade beteende och att hon inte äter sin mat och får i sig den näring hon behöver för att få vara frisk och leva. Det räcker inte med att ge vägledning, påminnelser och instruktioner, utan personalen behöver ha ingående kunskaper om henne och ge kvalificerade motiverings och aktiveringsinsatser och ge fysisk handgriplig vägledning i form av att starta upp den syssla som ska utföras, så som att äta och sköta sin hygien, vilket gäller för samtliga grundläggande behov och övriga behov, som annars inte blir utförda.

Vid för höga krav, oro och stress, vid matsituationer och övriga grundläggande behov och övriga behov, så finns risk för självskadebeteende och även utåtagerat beteende, vilket visar sig på sina armar och i uttryck som att hon inte vill leva. Vilket medför risk för sin egen hälsa och liv. På grund av extra stora kommunikationssvårigheter vid hög kravsättning(oavsett syssla), oro och stress, så har T behov av ingående kunskaper i form av aktiv tillsyn av övervakande karaktär, för att begränsa allvarliga konsekvenser som kan ske om hon utsätts för en högre press än hon klarar av för stunden, vilket har sin grund i den psykiska funktionsnedsättningen. Vid för hög kravsättning, oro och stress, så avsaknas konsekvenstänkande, impulsstyrdhet och insikt om vad som är farligt, vilket orsakas av oförmågan att kommunicera i dessa lägen och behovet är att det finns en person vid T´s sida som har ingående kunskaper om henne och hennes funktionsnedsättning, för att undvika självskadebeteende och utåtagerat beteende.
T har även stor känslighet i sociala sammanhang, som förstärks vid trötthet. Mycket kraft och energi går åt och är uttröttande i kontakt med vårdkontakter(på grund av oro, rädslor och stress) och myndighetskontakter. Det finns många andra viktiga faktorer som en personal behöver känna till, som är avgörande om hennes grundläggande och övriga behov ska bli tillgodosedda, därför behöver T ha personal med ingående kunskap om henne och har behov av tillsyn av övervakande karaktär och även kvalificerade motivations och aktiveringsinsatser under hela dagen och natten.

Nedan är exempel på varför det krävs ingående kunskap om T:
Hon har en hög känslighet och svårt att relatera till människor hon inte känner, då hon tidigare har erfarenhet av att inte ha blivit förstådd i olika sammanhang. Kraven har blivit för höga och personal har uttryckt att "hon har ju armar och ben", hon vill inte "samarbeta" osv.
Hennes personlighet är inte att "sätta sig emot", utan hennes funktionsnedsättning medför att hon har en ovanligt stor trötthet och har inte kraft och ork att alltid "samarbeta".

Hon har kognitiva svårigheter med minne, tid och rum, vilket medför att hon inte minns viktig information och kan komma ihåg vad som är planerat. Att hon inte kan skilja på dag och natt och hennes sömn påverkas mycket av mörker och ljus. Hon har svårt med tidsperspektiv, även om hon delvis kan utläsa analog klocka dagtid, så vet hon inte alltid om det är morgon/ dag/ kväll eller natt. Hon vet inte heller vilken dag det är eller månad. Vi har i flera år provat att ha "varje dag kalender" och veckokalender, men hon har inget intresse att titta där. Däremot kan hon fråga "händer det något den här veckan", men hon vet inte när veckan börjar och slutar.
Hon vet inte hur lång tid olika sysslor och moment bör ta och kan inte "skynda på", då hon upplever stress och hamnar då istället i låsning och klarar inte att företa sig sysslan.
Hon klarar inte att planera och organisera och står handfallen och klarar inte be om hjälp om det inte finns en person med ingående kunskap om henne vid hennes sida, som kan ge kvalificerad motiverings och aktiveringsinsatser i situationen.
Hon har svårt att sätta fokus på en syssla en lång stund, om det är något som kräver mycket uppmärksamhet och känns kravfyllt för henne.
Om ett problem eller en svår oförutsedd situation uppstår, så ber hon inte om hjälp om det inte är en person som har ingående kunskap om henne vid hennes sida.

Hennes perceptionskänslighet medför stor trötthet.

Hon uttrycker själv i stort sett dagligen att ljuden från fläkten, elementet, musik, höga röster och andra hörselintryck är obehagliga och behöver anpassas för henne. Hon uttrycker att solljus reflekterar från bilar (när hon sitter inomhus vänd mot ett fönster) och vill ha svarta rullgardiner för. Hon använder oftast solglasögon utomhus och ibland inomhus. Hon uttrycker att hon har obehag av starka lampor i affärer och i övriga miljöer där det kan förekomma starka lampor. Hon har då ofta solglasögon på. Hon har även ofta på sig solglas ögon, för att slippa se människor i ögonen, i sociala sammanhang.

Hon uttrycker att hon inte har någon hunger och för att äta så behövs stor anpassning och ingående kunskap och kvalificerade motiverings och aktiveringsinsatser för att en måltid ska fungera.

Hon äter inte maten om det inte är "rätt märke". Vi har testat "blind test" vid flera tillfällen och hon känner skillnaden. Något som försämrats mycket sedan hon flyttade hemifrån. Det gäller även konsistensen eller fel smak på maten. Om det blir "fel tillagad", så äter hon inte.

Hon uttrycker ibland att det luktar illa och klarar exempelvis inte speciella lukter, som vissa ostar osv.

Hon uttrycker ofta att det är "för varmt" och ibland "för kallt" och har svårt att reglera vad hon ska ha på sig. Då det ofta blir "bakochfram", då hon tar på en varm tjock tröja när hon egentligen svettas eller tar på sig en t-shirt när hon ska gå ut och det är kallt ute. Det krävs ingående kunskap om T och kvalificerade motiverings och aktiveringsinsatser, om hon ska klä sig efter temperatur och väder, för att inte bli sjuk.

Hon uttrycker att hon är känslig för vissa material, som kan vara för hårda eller för mjuka, för stickiga eller för varma.

Om hon inte får förståelse för sin perceptionskänslighet, som kan påverka så hon inte har kraft och klarar av sina dagliga sysslor, så kan hon upplevas som krånglig och inte vilja samarbeta, som tidigare personal uttryckt. Om personalen då inte tar hänsyn till detta, så får hon inte sina grundläggande och övriga behov tillgodosedda, vilket erfarenheten visar. Ovanstående erfarenhet och behov gör att hon har svårt att knyta an till och lita på okända människor. När det blir "fel" exempelvis vid för hög kravsättning eller ett icke lågaffektivt bemötande, så tackar hon nej till en insats, kan bli arg och har sparkat mot personal och bett dem gå eller så blir hon nedstämd och kan påpeka att hon inte vill leva. Hon har även nyligen pratat om hur bra det kändes att skära sig i armarna för att den jobbiga känslan/ ångesten försvann. Det vill säga, risk för självskade beteende kvarstår och risk finns för detta om personal arbetar med henne, som inte har ingående kunskap om henne och hennes känslighet. Detta visar erfarenheten.

Ingenting blir gjort även om man säger till att det är viktigt. Hon har uttryckt vid tillfällen, att hon inte "orkar saker", då hon "inte ens orkar ta hand om sig själv". Personal måste därför handgripligen och genom kvalificerade motivations och aktiveringsinsatser hjälpa henne igenom momenten vid samtliga grundläggande behov, vilket är integritets nära och kräver en personal med ingående kunskaper om T, så hon har möjlighet att känna sig bekväm och kunna tacka ja till den stöd och hjälp som hon är i behov av för stunden.

Därför behöver hon personal med ingående kunskaper och kvalificerade motiverings och aktiveringsinsatser och även ingående kunskaper i form av aktiv tillsyn av övervakande karaktär, för att T ska få grundläggande och övriga behov tillgodosedda och motverka utagerande beteende och självskadebeteende.

Refererar till detta rättsfall, utifrån T´s grundläggande behov till: **HFD 2020 ref. 7**

Fråga om innebörden av uttrycket "annan hjälp som förutsätter ingående kunskaper om den funktions-hindrade" i 9 a § lagen om stöd och service till vissa funktionshindrade.

51 kap. 2 och 3 §§ socialförsäkringsbalken, 9 a § lagen (1993:387) om stöd och service till vissa funktionshindrade

Högsta förvaltningsdomstolen meddelade den 10 februari 2020 följande dom (mål nr 3757-18).

Punkt 4: Personer med psykiska funktionsnedsättningar kan dessutom såsom ett grundläggande behov få personlig assistans för "annan hjälp som förutsätter ingående kunskaper om den funktions- hindrade". I rättspraxis har assistans – under förutsättning att hjälpen bedöms kräva ingående kunskaper om den funktions- nedsatte som person – lämnats för dels aktiv tillsyn av övervakande karaktär när sådan tillsyn behövs för att begränsa allvarliga konsekvenser av ett utagerande beteende, dels för sådana kvali- ficerade aktiverings- och motiveringsinsatser som krävs för att den funktionsnedsatte själv ska kunna tillgodose ett grundläggande behov, t.ex. inta en måltid.

ERFARENHETER FRÅN BOENDE MED OLIKA PERSONAL
Erfarenheten visar att T inte fick sina grundläggande behov tillgodosedda, då personalen på boendet arbetade utifrån boendets policy, då det inte fanns möjlighet att ta hänsyn till personkännedom/ ingående kunskap om individen och anpassning.
Om personalen inte arbetar utifrån ingående kunskap om T och motivering och aktiviteters insatser så tappar T förmågor och kan inte tacka ja till stöd och hjälp och hon får inte de grundläggande behov tillgodosedda, vilket erfarenhet från service boende visat. Se nedan:

Det resulterade i en Lex Sarah från boendet, då personalen ordagrant skriver:
Personalen upplever att hon tappar förmågor och blir mer apatisk.
Hon äter dåligt och visar tecken på avvikande ätbeteende, vissa dagar får vi slänga både lunch och middag.

Hon följer inte med ut.
Åker inte med färdtjänst och kommer inte till vårdkontakter.
Hon blir isolerad och ensam.
Hon får inte motion eller rörelse eller uträtta det hon behöver för att må bra och få det att fungera i vardagen.
Boendet skriver att de har meddelat handläggare på kommunen via meil, om situationen den 9 dec.
Vidare:
Hon tackar ofta nej till aktiviteter.
Hon uppvisar nedstämdhet och är inte intresserad av att delta i de olika aktiviteter som medföljer egen lägenhet.
Vi har försökt med att sätta upp mål för att hon ska hantera telefon men hittills har det inte fungerat.

Nedanstående stycken är taget ordagrant ur boendets dokumentation. T uttryckte med ord vid flera tillfällen att hon inte orkar leva, då för höga krav ställdes på henne. På grund av bristande kunskaper om henne, blev resultatet att hon sa nej, inte åt mat, inte följde med till vårdkontakter och blev sittande ensam i lägenheten och fick inte sina dagliga sysslor utförda.

Daterat:
11/11
Gick lite tidigare till T för att ha sagt innan idag att vi skulle titta på hennes pärm med olika verksamheter. Men som tidigare när jag tagit upp så blev hon riktigt arg. Denna gång gick hon till hallen och slängde ut mina skor

24/1
idag när jag kom till t så rävsov hon, som hon brukar att göra. Jag pratade till henne, men hon svarade inte. Gick till toaletten och städade den. När jag kom ut satt hon i soffan. Jag sa då att hon fick dammsuga. Då sa hon nej. Jo, det måste du göra. Då sa hon att hon gjorde det igår. Jag frågade vad hon ville äta och hon ville inte ha något. Jo men en nudelsoppa kan du väl ta, sa jag. Då tog hon det. Hon var inte på något prathumör och svarade inte mig när jag frågade om hon skulle till moster ikväll.

27/1
Info från T`s mamma. Hon säger att när T känner att är en
massa måsten och krav. Blir det för mycket för henne, så mår
hon dåligt och får då ångest samt tycker det blir jobbigt att
vara i lägenheten då. Det gäller då även fredagarna med
hennes städ. Man ska kolla av att hur mycket hon orkar att
vara med och städa, utan att det blir något krav för henne.

30/1
Vill T inte följa med på dessa två saker som handling och städ.
Så skall vi här och från och med nu inte: som personal gå och
handla själv, om inte T följer med. Då blir det inte någon
handling över huvudtaget. Gällande städ. Samma sak där, om
T inte vill städa (samarbeta), så skall personalen bara städa
toaletten och badrummet.

1/2
Höll på att tvätta pengar när personalen kom till middagsstöd.
Verkade pigg och ville ha pannkaka. Tittade lite vad som
skulle inhandlas i morgon. För att det inte skulle bli fel flingor
köpta sa personalen att det är bra att vi går tillsammans.
Reagerade direkt och undrade vem som bestämmer det.
Märktes tydligt att hon blev irriterad. Hon gick sen hem till sin
mamma och hon ringde personalen som talade om att det är
bestämt att T skall gå med och handla annars blir det en
annan dag. Hon blev väldigt upprörd och tog därmed över
handlingen.

Bilagor: (som bifogades yttrandet)
1.Dokumentation av ...., visar på en av de psykolog
kontakter T hade och önskan att hon skulle få stöd och hjälp
prata om exempelvis: sin oro kring "nyheter och värdsliga
händelser"(som började hindra henne att gå ut), rädsla vid nya
läkarkontakter och svårigheter med matintag
och
av .... (Arbetsterapeut på HAB – ...., 2016-03-24, som T
träffade många gånger och utprovade hjälpmedel, nämner att

det är viktigt att ha kunskap, för de personer som ska stötta T i vardagen.

2. Dokumentation av ....(Läkare) på R Hörselrehabilitering, 2021-01-26
Utifrån samtal med T, beskriver Elisa hur ljudkänsligheten påverkar T och några av de konsekvenser som kan uppstå.

3. Dokumentation av .... (psykolog) på R HP Hörsel mottagning, 2021-01-27.
Utifrån samtal med T, beskriver ...., T´s problem med Tinnitus som kommer och går och som förvärras vid stress och även kan utgå från nacke och axlar. T berättade att hon inte trivdes på boendet och att Tinnitus var värre då. Hon ger tips på vad T kan göra, bland annat sjukgymnast och bettskena och skickar vidare information om övriga tips. I dokumentationen står även: problem som har samband med svårigheter att kontrollera livssituation.

4. Dokumentation av ....t (Logoped) på HAB – ...., 2021-01-20.
Utifrån hembesök och möte med T, så beskriver ...., T´s svårigheter att äta, försiktighet och att ha en kravlös matsituation. Att maten behöver ha en viss konsistens, visst märke på maten och tar tid på sig för att tugga och svälja och tar paus i matintaget. Han beskriver att T sitter med keps och luva och upplever att T har svårt med visuella intryck. Hon har låg hungerkänsla.

5. Vidare dokumentation av ...., 2021-01-20. Dokumentation utifrån samtal med anhörig, där det nämns om T´s känslighet för ljud och ljus, förändringar i vardagen, som T upplever stressande.

6. Vidare dokumentation av ....t, 2021-01-20.
Dokumentation utifrån samtal med anhörig, där bakgrundsinformation ges, utifrån Habiliteringens frågeformulär. Bland annat om det självskade beteende och utåtagerande beteende T hade i barndomen och själv skada även upp i vuxen ålder och att risk för beteendet kvarstår. Här nämns också svårigheter med att åka kollektivt, miljöer med flera personer som pratar, radio och köksfläkt på grund av tinnitus och ljudkänslighet. Svårigheter med matintag, att T behöver stöd av ett "hjälpjag", som påminner och promtar

henne i de flesta vardagliga rutiner. Svårigheter vid samspel och mycket kravkänslig inför nya relationer. Känslig för krav och yttre faktorer. Behöver stöd av omgivningen för att klara vardagliga rutiner och personlig vård.

7. Dokumentation av .... (Dietist) på SLSO – ....Rehab, 2021-04-08.

.......har träffat T vid flera tillfällen. Hon har haft kontakt med Dietist i flera år och fått näringsdrycker utskrivet under lång tid. Dietisten rekommenderade Logoped kontakt och därav kontakten med Logoped ....

8. Intyg av .... (kontaktperson och Ledsagare) .... Kommun.

J lärde känna T för flera år sedan, då J blev anställd som kontaktperson genom .... kommun. J är en av de personer som T fått en nära kontakt till och som hon har kunnat anförtro sig till.

Under tiden T bodde på service boendet, så blev J orolig, då han såg och hörde att T inte fick det stöd hon behövde för att tillgodose sig sina grundläggande eller övriga behov. Han gjorde på eget initiativ en oros anmälan till sin chef på .... kommun. J beskriver den ingående kunskap om T, som behövs vid arbete med henne, för att hon ska kunna säga ja till att utföra någon syssla och få sina grundläggande behov tillgodosedda.

J beskriver de svårigheter, styrkor, stresskänslighet osv som han har erfarenhet av tillsammans med T och även sin oro över T´s mående om hon utsätts för hög kravsättning och felaktigt bemötande.

Jag bifogar även intyget från kontaktpersonen, som även hans chef godkände för att delge yttrandet.

Intyg av   2021-06-01
Gällande T

Med detta intyg vill jag visa på behovet T har av en personlig assisten, då hon är i behov av en person i sin närhet som har ingående kunskap om henne och som kan ge henne kvalificerade motivations och aktiveringsinsatser, samt aktiv tillsyn av övervakande karaktär, för att få alla sina grundläggande behov och övriga behov tillgodosedda.

I mitt arbete med T under flera år, så kan jag intyga vikten av att hon har en personal vid sin sida som har ingående kunskap om henne. Jag är anställd av ……. kommun och fick uppdraget med T, genom dem.

Om hon inte har förståelse från den som jobbar med henne, så låser hon sig och hon kan inte ta emot det stöd hon behöver för att få sina grundläggande behov tillgodosedda, så som att äta och sköta sin hygien. Hon kommer inte heller ut och blir isolerad.
Hon har påtalat flera gånger att hon inte mår bra av att inte komma ut.
Och har påtalat att hon inte ser någon mening och inte vill leva.

Hon behöver en person vid sin sida med ingående kunskap om henne, när hon är i sociala sammanhang, då hon inte för sin talan själv, utan behöver en tredje person som hjälper henne att kommunicera. Annars kan det bli missförstånd, då hon inte har förmågan att vid alla tillfällen förstå innebörden i en konversation och inte vet vad hon ska säga/ svara. Hon minns inte heller i efterhand om det är något viktigt hon ska komma ihåg.

Hon tar sig inte själv någonstans. Om det är för långt för att gå och om kraft att gå inte finns, så är hon beroende av att kunna åka bil med en förare som hon är trygg med. Färdtjänst kan gå, om personen som följer med har ingående kunskap om henne.
Men hon öskar själv inte att åka färdtjänst, då hon berättat att chaufförerna kör för fort och byter filer ofta.
T har berättat om olika resor hon gjort med familjen tidigare, men på grund av Tinnitus och ljudkänslighet, så klarar hon inte att åka bil på motorväg och inte heller att åka andra färdmedel.
Hon har visat bilder och berättat om resor med anhöriga till Gotland flera gånger, till Danmark, Norge och båtkryssningar.

De sista åren har hon inte klarat att åka någon längre sträcka, även om hon skulle vilja göra saker. På grund av hennes ljudkänslighet och Tinnitus måste den som jobbar med henne ha personkännedom om henne.

Jag måste alltid se vilken dagsform T är i, innan vi ska ut på någon aktivitet. Innan vi åker någonstans behöver jag förvissa mig om att hon har ätit mat, eftersom hon har svårt att äta och det tar lång tid. Om hon inte fått i sig något, så måste jag se till att hon äter innan vi åker. Jag har märkt att hon äter mindre och mindre varierad mat, de sista åren. Tidigare kunde vi åka förbi Mcdonalds eller köpa med en pizza och ta med hem, men det vill inte T äta längre. Hon åt inte mycket då heller och inte så varierat, men nu har jag förstått och märkt att den biten har blivit värre och svårare för henne.

Jag har även gjort en oros anmälan till min chef, för något år sedan, då T bodde på boendet. Eftersom det inte fanns personal där som kunde ge henne det individuella stöd som hon behövde för att få i sig sin mat eller komma till vårdkontakter. Eftersom den insats som jag hade som kontaktperson och den tidigare ledsagartjänsten togs bort då hon bodde på service boendet, så blev hon sittande ensam och kom inte ut.
Jag hörde att hon erbjöds en timmes tid i veckan med egen tid, men den tackade hon nej till då hon inte fått förtroende för personalen. Hon berättade att det var jobbigt när en del personal kom till henne. Jag hade lovat att besöka T, vilket jag gjorde efter att jag slutat min tjänst som kontaktperson. Under sen våren -20, så fick jag tillbaka min tjänst som kombinerad kontaktperson/ ledsagare, med några timmar i månaden och har sedan haft kontakt med T sedan dess. Hon berättade att hon upplevde stress på boendet, då de sa att hon måste städa. Hon hjälper gärna till med små saker när hon orkar, men klarar inte kraven, när hon är trött. Hon sa att hon inte orkar leva, då de sa att hon måste vara med och dammsuga. Jag fick också höra att personalen inte skulle

handla eller städa åt henne, de gånger hon inte orkade vara med. Vilket hon mådde dåligt av.

När T skulle flytta till boendet, så var jag mycket involverad och fick vara med och titta på lägenheten tillsammans med hennes föräldrar och henne och dåvarande ledsagare. T hade mycket svårt att föreställa sig att flytta hemifrån och det tog flera månader innan hon klarade av att flytta in. Jag hade pratat med T om det och även tillsammans med anhöriga, för att T skulle bli inspirerad av att flytta och ha en egen lägenhet. Men det tog lång tid innan hon ville lyssna på det. Anhöriga fick sova över i lägenheten under en tid, för att hon skulle klara av att vara i lägenheten.

Jag minns hennes oro och att hon hade svårt att sätta sig till en början, då hon gick mest runt i lägenheten och kunde inte slappna av. Hon hade redan från början svårt att ta till sig stöd och hjälp från personalen, speciellt vid matsituationerna. De gånger jag kom, (innan jag slutade min anställning) så hade hon inte alltid ätit.

När jag lärde känna T, så tog det ett tag innan hon fick förtroende för mig. Jag var intresserad av att lära känna henne och har erfarenhet av tidigare personer jag har arbetat med och vet hur viktigt det är att inte skynda på och inte ställa några som helst krav. Jag fick lirka mycket innan vi kom ut genom dörren och för att få med henne så hon skulle känna sig bekväm när vi är ute och handlar eller exempelvis bowlar. Om det är en dag hon inte orkar göra något, så har vi bara tagit det lugnt och inte gjort något. Hon är mycket beroende av att personen som arbetar med henne har ingående kunskap om henne. Om hon är trött och blir pressad, så blir hon nedstämd och deprimerad och tankar kan komma som att hon inte vill leva.

Jag har sett på hennes armar att självskade beteende har funnits.

Och hon kan ibland prata om det.

T är mycket beroende av att ha en person i sin omgivning som ser till hennes intressen, som kan anpassa efter hennes dagsform, är lugn och kan skoja lite om hon orkar det. Som

kan avgöra när man kan prata eller behöver vara tyst.
Om inte denna kunskap finns, så kan inte T ta emot det stöd
hon behöver, för att få alla sina behov tillgodosedda och ett
bra liv.
Detta är bara ett litet utlägg av den erfarenhet jag har haft med
T.
Jag har lärt känna henne genom åren och jag vill göra vad jag
kan för att hon ska få ett bra liv, som alla människor har rätt
till.
Mvh
J.......kontaktperson
Telefonnummer.......

12/7 Socialnämndens svar till förvaltningsrätten, på 2a yttrandet:

Socialnämnden har i sin utredning kommit fram till att T´s
hjälpbehov som är av privat och integritetsnära karaktär är av
ringa omfattning. Därmed har hennes behov av hjälp med de
grundläggande behoven inte bedömts vara av sådan
omfattning som förutsätter hjälp i form av personlig assistans.
För att socialnämnden ska bedöma tid för andra personliga
behov förutsätts att det finns behov av assistans för de
grundläggande behoven. Därmed har socialnämnden inte
bedömt tid för andra personliga behov alls.

Av de bifogade bilagorna framgår det att T anser sig ha behov
av personlig assistans och att denna behöver utföras av
personal som har ingående kunskaper om henne för att det
överhuvudtaget ska vara möjligt att hjälpa henne med
grundläggande behov.

Socialnämnden står fast vid sin bedömning att T inte har
behov av hjälp som förutsätter ingående kunskaper om henne.
Detta då hon klarar av att utföra personlig hygien, på och
avklädning samt kan kommunicera på egen hand om hon får
stöd i form av påputtning och påminnelser. Till sin hjälp för
påminnelser har tidshjälpmedel, kalender prövats och detta

har kompletterats med muntligt stöd. T´s behov av stöd i form av påminnelser bedöms inte vara av sådan karaktär att de skulle anses vara kvalificerande och berättiga till grundläggande behovet ingående kunskaper enligt socialnämndens bedömning.

Socialnämnden ifrågasätter hjälpbehovet så som det beskrivs i bilaga 23 och riktigheten i dessa uppgifter. Detta med motivering att det framkommer motstridiga uppgifter gällande behov av praktiskt stöd vid olika vardagssituationer så som toalettbesök, dusch, nagelvård och matintag jämfört med underlag som har lämnats in under utredningens gång samt den informationen som framkommer av bilagorna som är skrivna av professionell personal från hälso- och sjukvård. Dessa bilagor styrker varken behovet av praktisk hjälp vid dessa basala behov eller behov av särskild kompetens om T, hennes funktionsnedsättning och sättet att kommunicera för att hjälpen vid dessa situationer överhuvudtaget skulle kunna ges.

Socialnämnden är införstådd med att T har svårt att få förtroende för andra människor och att detta har försvårat möjligheten att kunna hjälpa henne när hon bodde på bostad med särskilt stöd och service för vuxna enligt 9 §9 LSS. Så som det framkommer av de bifogade bilagorna har T svårigheter i sin vardag men behovet av stöd med matsituation, påminnelser och påputtning i andra situationer bedöms inte kräva ingående kunskaper i lagens mening enligt socialnämnden.

För att rätt till personlig assistans för grundläggande behov ska föreligga ska hjälpbehovet vara av privat och integritetsnära karaktär samt kräva kvalificerat stöd. I bilaga 23 framkommer att T har stödbehov kring vardagliga situationer då hon har svårigheter utifrån sin funktionsnedsättning. T hävdar att allt stöd som hon behöver kräver ingående kunskaper om henne. Bilagorna som hon menar styrker detta behov är utfärdade utan T´s närvaro och är därmed inte baserade på en observation. I bilagorna beskrivs hennes svårigheter med maten, ljudkänslighet, kravkänslighet, tidsuppfattning och behov av stöd i form av påputtning. Dock styrks inte behovet av hjälp att föra in maten i munnen, hjälpbehov för på och avklädning eller stöd med kommunikation pga ett särskilt kommunikationssätt.

I bilaga 27 framkommer att T närvarar vid mötet. Det framkommer att hon berättar att hon inte kan äta ris längre och svarar på frågor som ställs. Därmed framkommer det att T kan kommunicera och äta på egen hand även om det tar längre tid.

Socialnämnden har tagit del av innehållet i aktbilagan. Det har enligt socialnämndens mening inte framkommit skäl att ändra bedömningen i frågan och därmed står socialnämnden fast vid sitt beslut.
SLUT

Morsan blev bedrövad över svaret, men orkar inte kämpa mer för att bevisa mina behov. De professionella som de nämner i yttrandet, har jag träffat flera stycken. Felet morsan kan ha gjort är att hon har förberett dem så mycket på hur jag fungerar och hon har förberett mig på vad som ska hända och vad vi ska prata om. Hon har också varit med alla gånger i alla år, utom vid ett tillfälle. För min skull. För att jag inte ska bli stressad och må dåligt. Hon har varit tyst och låtit mig försöka prata, men sedan flikat in när jag vänt huvudet mot henne. Men eftersom jag själv har svårt att förklara hur jag mår, fungerar och vad jag vill och inte vill, så har min önskan varit att hon pratar åt mig och för mig. Vem ska annars göra det? Om hon inte förberett allt, så hade det blivit kaos för mig. Det kanske hade varit bra, för då hade mina svårigheter och mitt behov av stöd märkts mer, även för professionerna. Men det är inte ok, att det ska behöva gå så långt att en person som har autism ska bli pressad och stressad för att behöva bevisa sina svagheter och svårigheter.

Det som socialnämnden tyckte var tvivelaktigt, var bland annat att det stått att behovet är att jag blir matad om jag inte äter.

Det är så behovet ser ut. Om jag inte får rätt förutsättningar för att äta, så kan jag inte äta eller så glömmer jag att äta. Om jag då ska överleva och inte svälta ihjäl, så behöver någon föra maten till min mun. Hur ska jag annars få i mig maten?

Vad gäller exempelvis dusch, så behöver jag duscha varje dag på grund av att jag svettas mycket. Mitt behov är att duscha varje dag, ungefär en kvart och få hjälp med hårtvätt, få fötterna torkade ordentligt osv. Om ingen säger till, så kan jag stå i duschen i tre timmar.

16/7 Här följer morsans 3e yttrande. Det slutliga i överklagan:
I Mål:
Gällande: T

Anhörig att kontakta i ärendet: A
Telefonnummer:
E-postadress:

Hej!

Vi har skrivit mycket i tidigare yttrande och har inte så mycket att lägga till.
Det är svårt att vara anhörig och kämpa för en närståendes rättigheter inom LSS och för att kommunens biståndshandläggare ska få förståelse för hur verkligheten ser ut.

Jag kan bara be att förvaltningsrätten läser det vi har yttrat tidigare, då det är så verkligheten ser ut.
Jag skriver några kommentarer utifrån socialnämndens yttrande, men har tidigare försökt detaljera T´s ingående behov, både grundläggande och övriga.
T har aldrig kunnat kommunicera själv när det gäller kontakt med myndigheter eller med personer hon inte känner, om inte någon hon är trygg med är med. I fallet, där hon har berättat att hon inte äter ris och att hon svarar på frågor, så är jag med

och har förberett henne ingående att en logoped ska komma och vara med då hon äter lunch.
Vad gäller tidshjälpmedel och kalender, så har det prövats och fungerar inte. Habiliteringen kom fram till att hon behöver ha ett "hjälpjag, en person vid sin sida och att hon inte klarar av att hantera hjälpmedlen själv. Vi har provat att köpa flera olika kalendrar. Hon "glömmer" att ta av lappen på dagkalendern och hon vet oftast inte, om det är dag eller kväll och vet då inte när hon ska dra av lappen. Hon har fått prova Memo-day, som inte heller fungerar för henne.

Vad gäller maten, så matar vi inte T här hemma. Vi inväntar och sitter med till dess hon har ätit, vilket tar lång tid vid varje måltid. Som det visat sig när T bodde på boendet och de inte hade tid att invänta, så åt hon inte. Det finns bara alternativet att invänta att hon ska äta själv. Om personal inte har den tiden, så är behovet att hon blir matad, eftersom hon inte äter alls annars. Känsligheten har också blivit mycket större sedan hon flyttade till boendet. Hon säger själv att viss mat tillagades på fel sätt och med T´s känslighet(perception), så har hon nu valt bort den mesta maten. Hon har i ett år bara ätit mer eller mindre fiskbullar och hemlagat potatismos och pannkaka med sylt och grädde, ägg, rostat bröd med messmör eller ost. Mulitvitaminjuice, glass och näringsdrycker.
Även vad gäller hygienen, så har det blivit mycket sämre då hon flyttade hemifrån. När hon bodde hemma förut, så duschade hon varannan dag. Nu går hon aldrig självmant in i duschen. Bara om vi handgripligen och med motivering hjälper henne in för att duscha.

T tycker själv det är jobbigt och svårt att medverka på möten, samtal och utredningar. Det behövs mycket stöd och förberedelser för att hon ska orka vara med. Hon har stora perceptionssvårigheter, som vi hjälpt henne att förmedla tidigare till kommunen. Och stora sociala och kommunikativa svårigheter, som vi också försökt förmedla tidigare till kommunen. T har själv bett oss om att föra hennes talan, då hon inte orkar eller kan själv. Det är hennes egen önskan.

Hoppas det finns förståelse för det och att T och vi anhöriga som försöker hjälpa henne att blir betrodda.

Det som är mycket tufft är att kommunen fortsätter att erbjuda grupp boende, som T själv inte önskar och som är en form av boende som hon inte skulle må bra av att bo i.

Service boende trodde vi var det bästa och att det kunde anpassas och att hon skulle få ha kvar ledsagare och kontaktperson som komplement. Tyvärr kunde inte service boendet anpassas individuellt och insatserna ledsagning och kontaktperson tog kommunen bort .

Alternativ utöver dessa, för att T ska kunna flytta hemifrån är: Att vi ordnar en lägenhet åt henne och att hon har personlig assistans, som kan följa henne från morgon till kväll och natt vid behov. Hon får personal som hon får lära känna och som hon kan välja själv, vilket hon behöver göra för att få sina grundläggande behov tillgodosedda. Hon får en kontinuitet under dagen. Samma person som kan ge ett gott stöd, som kan följa med på dagliga aktiviteter och hjälpa till och ge stöd med grundläggande behov. Allt från matintag till hygien och att sköta hushållet, komma till alla de viktiga vårdkontakterna som T är i behov av och även att få komma ut och träffa människor och börja på en daglig verksamhet. Insatsen personlig assistans kan ge T goda levnadsvillkor, som hon har rätt till enligt lag.

Det ända alternativet som kan vara aktuellt, om T inte får beviljat personlig assistans, är att vi ordnar en lägenhet åt henne och att hon ansöker om hemtjänst, ledsagning, kontaktperson(han fick tillbaka de två sistnämnda insatserna med 12tim/mån.) och eventuellt bostöd och nattpatrullen. Eftersom det är viktigt för T att kunna välja sin personal, för att hon ska kunna slappna av, så är det här det ända återstående alternativet. Det som kan bli stress för henne, är att det inte blir samma kontinuitet under dagarna. Hon har tidigare haft hemtjänst och det kunde komma 2-3 personer under 4 pass. Hon bodde hemma då och vi valde sedan att det skulle komma personal enbart när vi arbetade för att göra lunch. Det kan också vara svårigheter för personal från flera insatser, att planera och organisera, så att T får komma på daglig verksamhet, får träna sjukgymnastik varje vecka och komma till de vårdkontakter hon är i behov av. Hon kommer oftast att behöva få relatera till flera personer under samma dag. Hon är mycket stress känslig och behöver förberedelser i allt hon ska göra. Hon kan inte äta eller ta sig för att göra någonting varken hemma eller utanför hemmet, om hon känner stress.

Vi vet inte hur vi ska poängtera och lägga fram, för att bli betrodda, vad gäller T´s känslighet i sociala sammanhang, hennes svårigheter att kommunicera med främmande människor oavsett vilken miljö det är (både att föra sin talan/ förmedla och att förstå och komma ihåg vad som sägs), hennes stora rädslor inför besök hos vårdkontakter/ tandläkare (hur viktigt det är att hon förbereds på rätt sätt, har en trygg person med sig under alla vård/tandläkare besök och att vårdkontakterna är informerade om hennes oro och rädsla). Även att hon inte äter om inte hon får rätt förutsättningar. Hon är i avsaknad av hungerkänslor och kan inte äta all mat på grund av smak och konsistens. Hon kan inte företa sig att sköta sin hygien, om hon inte får stöd och hjälp. Vi vet inte hur vi ska bevisa allt det här. Utredningar görs ofta med några få besök. Eftersom hon inte vill eller kan föra sin egen talan, om vi inte är med, så upplever vi att vi eller hon inte blir betrodda.

Vi tog inte hem T igen i Dec. -20 för att vi eller hon önskade så. Vi var tvungna då inga andra alternativ fanns och service boendet inte kunde ge den hjälp och det stöd hon behövde.

Som det är nu, så sitter T hemma hos oss hela dagarna och ser tv. Inte för att hon vill det själv. Eftersom hon inte går ut själv, så kommer hon inte ut när vi jobbar. Vi tar med henne ut mest för att handla. Innan pandemin så följde hon med till släkten eller våra vänner, de gånger det inte var så många som träffades. Hon har inte kvar några vänner, därför träffar hon nästan inga andra än oss nu.
Ledsagaren/kontaktpersonen varannan vecka. Ibland kommer

hennes systrar med partners på besök, men de bor en bit härifrån, så det kan gå ett par månader emellan. Det är för långt för henne att åka till dem. Hon följer inte med till stora släktträffar. Det vill och klarar hon inte. Vi som anhöriga har inte tjänat pengar på att hjälpa T. Jag kunde hjälpa henne, då jag bara arbetade en till två dagar i veckan fram till maj, då jag tog min stödpedagog examen. Sedan var meningen att jag skulle gå upp och arbeta fyra dagar i veckan, eftersom min tjänst är på 75%. Det har jag inte kunnat göra, utan arbetar nu 40%, dvs 2 dagar i veckan. Min arbetsgivare är förstående. Jag förlorar 35% av min inkomst, men har inget val som det är nu. Det viktiga är att det blir bra för T framöver. Hon behöver få insatser som kommer fungera bra för henne. G arbetar 100% och har ett arbete där han åker runt i kommunen under dagarna. Han har kunnat åka hem och ge T lunch de dagar vi båda arbetar, men det går inte i längden. Han hjälper också T dagligen både på vardagar och helgerna och har många gånger fått ta semesterdagar för att följa med till vårdkontakter.

Vi är låsta och har inte några andra insatser är ledsagare/ kontaktperson(samma person som har totalt 12 timmar i månaden). Vi kan inte åka bort tillsammans och besöka släkt och vänner i andra städer/ länder, som det är nu. Den här sommaren kan jag och G åka bort en lördag-söndag vid ett tillfälle, då vi fått någon som kan hjälpa till. Annars har vi fått tacka nej till alla inbjudningar eller så har en av oss fått åka iväg. Vi kan inte vara hemifrån mer än 4 timmar åt gången, eftersom T är i behov av stöd och hjälp med alla måltider och även andra grundläggande behov. Eftersom T inte längre klarar av att åka bil på motorväg och inga andra färdmedel, så kan vi inte heller åka iväg och ta med henne, så som vi tidigare har kunnat göra. Hennes känslighet har ökat de sista åren. Det känns inte som att det ska behöva vara så här. Biståndshandläggaren på kommunen har erbjudit gruppboende, men det kan vi inte tacka ja till, då det är emot T´s egen vilja.

Vi vill bara poängtera att vi inte tjänar något på att hjälpa T. Vi gör det för att hon själv inte kan föra sin talan och därför kämpar vi för att hon ska få ett bra liv och kunna komma

vidare på ett tryggt sätt, som fungerar för henne, utifrån
hennes förutsättningar.
Tack på förhand.
Mvh
A & G....
Som hjälper T att föra sin talan kring sina grundläggande och
övriga behov

Kapitel 15: Hur jag inte vill och hur jag vill ha det

Som det framgår i min berättelse, så har det varit många olika
personer som har jobbat med mig, många olika skolor och
mycket förändringar. Det är inte vad jag behöver, som har
autism. Jag behöver det motsatta. Jag behöver lugn, stabilitet,
en stadig grund att stå på. Personal som jag kan lära känna,
knyta an till och som stannar.

Jag gillar inte orden "Förnya", "Omorganisation" eller "Förändringar". Inte heller "Att utvecklas och bli självständig". De sistnämnda beror på att jag har fått höra dem, vid fel tillfällen och i fel miljö. Där kraven var för höga och det inte kunde anpassas för just mig. Jag vill och kan inte utvecklas, om jag inte får lugn omkring mig, om det inte finns personer i min omgivning som ger mig tid och möjlighet att utföra mina dagliga sysslor i min egen takt, med rätt stöd och hjälp och med rätt förståelse.

Jag förstår att det kan behövas förändringar ibland. Att allt inte kan vara på samma sätt hela tiden. Men ibland så hinner jag inte att smälta intryck och lära känna personalen innan det ska omorganiseras och göras om. Personal som slutar och nya som börjar. Det stressar mig och får mig att bli paralyserad, vilket hämmar min utveckling och självständighet.

Jag gillar det gamla. Jag gillar när allt är som vanligt. Jag gillar inte nya saker. Jag gillar inte nya miljöer och inte nya människor. Det innebär en otrygghet för mig. Jag kan inte föreställa mig hur det ska bli. Jag kan inte se något bra i det. Jag behöver då stöd av trygga personer, som känner mig. Jag blir stressad, orolig och rädd, när det är mycket nytt omkring mig. När man utsätts för det ofta, så blir det inte bra. Det hämmar min utveckling och min möjlighet att bli självständig. Allt stannar upp och står still. I värsta fall så tar jag några steg tillbaka. Kryper in i mig själv och gömmer mig där. Så fungerar jag och jag tror inte jag är ensam om att känna så här. Men det verkar inte alla människor jag har mött förstå.

En del kan säga till mig... - Thess, det där klarar du, du kan det där. Det är inga problem. Jag hör på rösten, att de menar väl och verkligen tror att jag fixar det där de pratar om. Men jag känner inte alltid likadant. Jag har inte alltid den orken att klara och jag kan inte alltid föreställa mig hur jag ska göra och vad som ska hända. Jag vet inte vad som förväntas av mig. Jag känner istället krav och blir stressad, orolig och rädd. Det hämmar mig och jag utvecklas inte och blir inte självständig. Jag behöver förståelse för hur jag fungerar. Under rätt förutsättningar hade jag säkert klarat det och det hade inte varit något problem. Problemen är oftast oförståelsen och en för hög krav sättning. Att jag inte får den anpassningen och tiden som jag behöver. Om det är nödvändigt med en förändring, som skulle vara till min fördel, för att jag ska komma framåt i livet, så behöver den vara anpassad för mig och portioneras ut i små portioner och det måste få ta tid, så jag hinner med.

Om jag ska bli öppen för att testa fler hjälpmedel, så behövs personer omkring mig som kan motivera mig, ha tid att berätta, introducera och hjälpa mig. Jag vet det finns många olika hjälpmedel, men som Cissi på Habiliteringen sa, så behöver jag en person som är mitt "hjälpjag". Då kan jag vila i att jag får rätt stöd och hjälp, för att få alla mina behov tillgodosedda och få möjlighet att utvecklas, tillsammans med mitt hjälpjag.

Om jag själv skulle få välja, så skulle jag önska att jag hade ett team med personliga assistenter, som jag kunde lära känna och de skulle lära känna mig väl. Då finns möjligheten att både jag och assistenterna kan få bra dagar tillsammans. Jag och dem får möjligheten att se om vi tycker att vi fungerar bra ihop. När båda parter får bestämma, så blir det bra. Jag behöver inte känna mig stressad och pressad av att behöva ta emot stöd och hjälp av någon, som egentligen inte vill jobba med mig. Någon som inte förstår eller har tålamod. Assistenterna som vill komma till mig och tycker det är roligt, får bra dagar tillsammans med mig. De som förstår, har tålamod och tycker det är roligt att ge mig rätt stöd och hjälp.
Det är min önskan.

Idag när morsan skulle hjälpa mig att tvätta håret, så sa jag att jag känner mig som Lasse Åberg, även om han är kille... Ja, jag syftade på hans filmer, där Stig Helmer, den vuxna sonen bor hos sin mamma och hon hjälper honom med allt. Morsan, Gurra och jag har tittat många gånger på de där filmerna och skrattar ofta åt skämten i filmerna. Jag har träffat Lasse Åberg på riktigt. Jag, Morsan och Gurra åkte till Åbergs museet för något år sedan. Jag hade varit där, men inte morsan och Gurra, så det var på tiden. Det var lugnt på museet och det var nästan inga andra där. Helt plötsligt såg Gurra att Lasse svepte förbi.. Morsan var tvungen att gå fram och hälsa och säga att hon gillade hans filmer och konsten på väggarna. Lasse ställde upp så vi fick ta bilder tillsammans med honom. Han svarade på våra frågor och gick sen. Efter en stund kom han fram till oss och pratade lite till. När vi skulle gå så passerade vi butiken och skulle titta efter något att köpa. Då stod Lasse där. Han visade oss en affisch på en tavla med Kalle anka, som morsan sagt att hon tyckte så mycket om. Lasse sa att han kan signera den och rama in den, för en viss summa. Det var ett otroligt lågt och bra pris, så morsan blev jätte glad och sa ja tack gärna. Lasse undrade vem han skulle skriva att tavlan var till. De tänkte ju först på mig, men jag nickade mot morsan, så det blev hennes namn. Morsan var mer lyrisk än mig när vi gick ut ur butiken. Lasse var verkligen en trevlig person. Jag hoppas han är där, om vi åker dit flera gånger.

Tillbaka till morgonens samtal. Morsan skrattade förstås när jag sa att jag känner mig som Lasse Åberg. Vi fick ett bra samtal där på morgonen. Morsan sa att det är ju inte meningen att du ska bo hos oss hela tiden, utan vi väntar på att det ska komma en bra lägenhet och personal som kan ge det stöd och den hjälp som du behöver. Hon fortsatte: - Meningen är att du själv väljer vad du orkar och kan göra under dagarna. Om du är trött en dag, så får du den hjälp du behöver. Jag sa till morsan att jag visste att det inte skulle bli bra när jag flyttade till service boendet. Morsan undrade hur jag tänkte och varför jag inte trodde det var bra från början. Jag sa att jag märkte att de hade så många andra de skulle gå till, så de inte hann stanna hos mig så länge. Jag blev bara sittande där och det vill jag inte igen. Morsan sa att det blev ju tyvärr en flopp med det där boendet, men att hon trodde från början att det skulle bli bra för mig. Hon sa att det var bra att jag provat att flytta. Hon påminde mig också om att vi hade sagt att vi skulle komma på en annan lösning, om det visade sig att det inte fungerade på serviceboendet. Hon höll det löftet. Det blev så att jag fick flytta hem igen och nu väntar vi på att det ska bli en ny bra lösning för mig. Att jag ska få en bra lägenhet och att det kommer personal som tycker det är roligt att jobba med mig.

Jag både vill och inte vill flytta igen. Jag vill flytta för jag vill inte vara beroende av Gurra och morsan. Jag vill ha ett eget liv. Men jag behöver vara trygg med de personer som ska finnas i min vuxna tillvaro. Annars vill jag inte flytta.
Jag vill gärna ha en lägenhet med ett sovrum, vardagsrum och kök. Jag har ganska mycket saker och intressen och det är viktigt för mig att mina saker är lättillgängliga.
Musikinstrument, datorn, tv och tv-spel, filmer, kameran och fotografier, sällskapspel, mina smycken som jag samlar på, material till att måla, göra egna smycken, tyger om jag vill sy, verktyg och saker jag samlar på. Jag samlar på gamla saker och bland annat silver föremål. Jag putsar silvret ibland. Även mina kläder behöver jag ha kontroll på, så jag hittar dem lätt. Det är inte alltid jag tar fram och väljer själv, men jag har en del favorit kläder och dem vill jag veta var jag har.
Jag vill komma ut mer. Kanske börja på en daglig verksamhet. Det beror på. Det är mycket som det beror på för mig. Allt har blivit jobbigare med åren. Efter många förändringar, många olika personer att relatera till, många erfarenheter som påverkar. Det har gjort mig mer orolig och att jag dragit mig tillbaka mer än tidigare. Vill helst vara hemma i tryggheten, i lugnet, samtidigt som jag vill ut mer.. Det låter så bakvänt.. men livet blir bakvänt efter ett tag. När man har provat flera saker, som inte blir rätt. Då blir allt bakvänt och man vill inte prova så mycket mer. Människor jag knutit an till och trivs med stannar oftast inte. De försvinner, efter att jag har kämpat för att lära känna dem och fått förtroende för dem. Så ska jag börja om igen. Jag har byggt upp rädslor genom erfarenheter och att jag har titta på vissa samhällsprogram, olika dokumentärer och nyheter. Jag är rädd för tandläkare, för att jag fått göra ingrepp utan bedövning. Jag är rädd för läkare för att de inte alltid förstått mig. Jag är rädd att åka taxi, för att chaufförer kört för fort och byter fil i hög fart. Jag är rädd att gå ut själv för att jag inte kan fråga okända människor om det händer något. Jag är rädd för att människor ska börja prata med mig när jag är ute, för jag vet inte vad jag ska svara eller

vad jag ska säga. Jag är rädd att gå ut själv, för att jag har blivit jagad av hundar som inte varit kopplade. Jag är rädd för en massa saker. Ju mer medveten jag blivit om hur världen ser ut, vad som händer i världen, om sjukdomar, krig, våld m.m. ju räddare blir jag. När jag blir rädd och orolig, blir jag stressad. Den inre stressen kan göra så att hjärtat går igång och jag får svårt att andas. Jag tror det är någon form av panikångest. Det har blivit värre och värre. Om jag har med en person som jag är trygg med, var jag än är, så hjälper det. Om en person är med som känner till hur jag fungerar. Som är lugn och inte ställer krav i de situationer som jag upplever som otäcka. Det är viktigt att jag har med en sån person när jag måste göra vissa saker. Det jag inte måste, försöker jag undvika. Det är klart jag inte vill leva ett så instängt och begränsat liv, som jag gör nu. Jag vill komma ut mer, under rätt förhållanden, med rätt person. Jag vill kunna resa igen, som jag gjorde förut. Jag vill kunna åka bil på motorväg igen och kunna åka tåg, båt, buss och tänk om jag också skulle våga flyga igen.

Morsan och Gurra vill så gärna åka till England med mig, eftersom jag är så bra på engelska. Jag vill gärna träffa släkt, som bor utspritt i Europa. Jag vill också besöka Gurras släkt igen. Men jag klarar det inte. Det är för långt. Jag klarar inte ens att besöka mina systrar och deras respektive, för att de bor för långt bort. Min önskan är att bitvis hitta tillbaka till mig själv. Att få tillbaka vissa av mina positiva egenskaper och att få behålla andra bra egenskaper, som har utvecklats inom mig. Som exempelvis att jag kan kommunicera lite bättre nu och har öppnat mig mer, för personer jag är trygg med, mer än jag kunde tidigare. Jag kan förklara hur jag mår på ett annat sätt än jag kunde förut. Och jag kan fråga hur andra tänker och känner, så kan jag diskutera det. MEN det är bara med dem jag är trygg med och har förtroende för, annars blir jag en mussla och det kommer inga ord ur mig alls. Jag kan sitta tyst, med kepsen neddragen över ögonen eller ha solglasögon på mig även inomhus i vissa miljöer. Då finns det säkert en del som tror att jag inte kan prata alls.

Jag svävar ut lite, när jag funderar över hur jag inte vill ha det eller hur jag vill ha det. Men jag måste få göra det. Vända och vrida på hur min drömtillvaro skulle se ut, om jag själv får önska och bestämma. Och även vädra vissa saker som varit och som jag inte vill ha igen. Även andra tänkbara situationer och miljöer som skulle kunna bli aktuella, men som inte känns aktuella för mig. Det är exempelvis gruppboende. Det kan jag inte tänka mig. Jag skulle bli stressad. Det hade påmint mig om "skolan jag inte vill minnas", om en institution. Det är dessutom en massa andra personer med funktionshinder. Det tycker jag är jätte jobbigt. Jag har blivit mobbad, knuffad och slagen av andra med funktionshinder. På "skolan jag inte vill minnas" så bodde en kille som tog flera saker av mig. Bland annat skivor och kläder. Jag minns en gång att han skulle åka hem en helg. När han gick iväg från skolan så hade han min tröja med tryck på sig. Det var min favorit tröja. Det var en udda tröja köpt på second hand och gick inte att få tag på igen. Jag såg aldrig mer min tröja. Även andra saker försvann på skolan, som jag aldrig fick tillbaka. Många med funktionshinder låter högt, skriker och en del har beteenden, som jag blir rädd för eller så får jag ont i öronen av för höga ljud. En del blir lätt arga och kastar saker och slår i dörrar. Jag har varit i de miljöerna förut och jag vill inte det igen. Jag känner mig inte hemma i den miljön. Jag blir orolig, rädd och stressad. Även om jag inte behöver vistas i gemensamma utrymmen, så hade det inte varit en trygghet för mig att bo i en sådan miljö. Handläggarna tycker att jag ska flytta till ett gruppboende. Men det tycker inte jag.

Jag har varit hos psykolog och vi skulle prata om det här med funktionshinder, men psykologen slutade. Jag har fortfarande samma känsla kvar när jag möter andra med funktionshinder. Morsan och Gurra tog mig till en daglig verksamhet en gång och till en "unggrupp" en annan gång. Båda gångerna, så ville jag inte gå dit igen. Jag talade om för dem, att de andra som kom dit hade handikapp. Så jag ville inte dit igen. Det är inte så att jag tycker illa om några människor eller gör något illa mot någon, men min erfarenhet har gjort att jag inte kan klara av att vara i miljö tillsammans med andra som har funktionshinder. Jag drar mig undan den miljön, om det går.

Jag har autism. Det är svårt att bli av med svåra minnen och känslor. Allt som påminner om det som varit dåligt, gör att samma känsla av oro, rädsla och stress kommer tillbaka igen. Jag önskar jag kunde hantera det här.

Lagen om stöd och service för vissa funktionshindrade, LSS 5§, säger bland annat att de som bedriver verksamhet, utifrån den här lagen, ska medverka till att de personer som tillhör 1§LSS, ska få full delaktighet i samhället, jämlika levnadsvillkor och att lagens mål är att individen ska få möjlighet att leva sitt liv på samma sätt som andra gör(Larsson och Larsson, 2019, s. 38). Den här lagen tycker jag är bra, men jag tror inte att alla får de insatser eller den förståelse, som de har rätt till enligt lag. Varför ska så många med funktionshinder behöva kämpa för det som de har laglig rätt till. När det klart och tydligt står att verksamheter som utgår från den här lagen, ska medverka till att personen får delaktighet, jämlika levnadsvillkor och få möjlighet att leva som andra. Det kommer aldrig bli så för många av oss, om vi ska motarbetas och inte får välja de insatser vi är i behov av. Även MFD, skriver om våra rättigheter.
Myndigheten för delaktighet, MFD(2020), skriver om FNs konvention som talar om rättigheter som personer med funktionshinder har. Konventionen trädde i kraft i Sverige 2009 och innehåller bland annat Allmänna principer. De genomsyrar hela konventionen och finns i artikel 3. Principerna är bland annat: icke-diskriminering, tillgänglighet, jämställdhet, individuellt självbestämmande, lika möjligheter, respekt för olikheter, inkludering och deltagande i samhället.

För att förstå mig bättre, så hade det varit bra om jag kunde få en kartläggning gjord. Jag kunde få svara på frågor, mäta rädslor och oro med skalor, även uttrycka vad jag vill respektive inte vill i olika frågor... av utomstående professionella personer som jag är trygg med, så jag vågar och kan svara så som det är. Jag tror det är viktigt att det är utomstående, för att myndigheterna ska förstå att det jag kryssar för och säger, är på riktigt och sant. Eftersom anhöriga ofta misstros. En kartläggning och utredning behöver ta tid och pågå under en lång period, eftersom dagsform och omständigheter kan påverka hur jag mår, vad jag orkar, vill och kan och hur jag kan komma att svara. Även miljön påverkar jätte mycket, så i utredningen hade jag också behövt byta miljö , för att de ska få se hur olika miljöer kan påverka mig. Sjölund & Planting-Gyllenbåga(2009), skriver att skalor kan vara bra, för att beskriva hur lått, svårt, dåligt eller bra någonting är. Att skalorna behöver utformas så de passar den person som ska använda dem. Exempelvis kan man använda glada eller sura gubbar, eller bara ord som dåligt, okej eller bra. Det finns också olika skalor från 0-10 eller lägre eller högre, som man kan använda(s. 47). För mig skulle skalor passa bra. Om det stod siffror ex. 1-10 med text under eller bredvid, med dåligt, okey, bra, mycket bra osv.. så hade det varit lättare att förstå skalorna.

Med tanke på att jag äter dåligt, så behöver jag stöd och hjälp vid matsituationer. Jag bryr mig egentligen inte själv om jag äter eller inte. Jag är inte hungrig och tycker inte om mat. Jag tycker det är jobbigt att äta. Jag har inget intresse av att laga eller äta mat. Morsan tjatar om det där med näring, må bra och att det är viktigt att äta. Så jag inser att jag behöver ha personer omkring mig, som ser allvaret i att jag faktiskt får i mig den där näringen, som morsan pratar om. Jag vill må bra. Jag vill inte vara trött hela tiden. Jag vill orka göra saker jag tycker om. Därför behöver personalen som ska jobba med mig förstå mig. Varför jag inte äter. I 7§ LSS, står det bland annat att individen har rätt till att få goda levnadsvillkor, genom att de beviljade insatserna ska anpassas utifrån individens enskilda behov(Larsson och Larsson, 2019, s. 43). Jag har med andra ord laglig rätt att få mina måltider anpassade. I mitt fall så innebär det att jag behöver få den tid jag behöver för att äta, att maten är tillagad till den konsistens som jag klarar av att äta. Även smaken är viktig för att jag ska kunna äta. Jag är beroende av vissa märken på maten och hur den tillagas. Även FN´s konvention och de Allmänna principerna, artikel 3, beskriver rättigheterna kring tillgänglighet, individuellt självbestämmande, respekt för olikheter. De här rättigheterna är viktigt att ta hänsyn till vid mina matsituationer. Sjölund & Bejerot(2009), skriver att personer med autismspektrumtillstånd kan ha svårigheter med intag av måltider. De menar att det är vanligt att individen har annorlunda sinnesupplevelser och att det av den anledningen kan vara svårt att äta. Speciellt om det är många syn och hörselintryck samtidigt. De skriver också att en del har svårt att äta viss mat på grund av konsistensen och att lukten kan upplevas motbjudande. Vidare att om personen har en annorlunda känselperceptionen, så kan personen få svårare att tugga maten, om personen känner stress vid matsituationen(s. 117). Jag skulle önska att personalen frågar mig vid ett bra tillfälle, varför jag inte äter eller vill ha viss mat. Så jag kan förklara. Ibland kan det bero på ilningar i tänderna. Någon gång på att jag har haft ont i halsen. Oftast beror det på någon erfarenhet jag har haft om jag har satt någon viss mat i halsen eller att den smakat konstigt, som gjort att jag inte vill ha den igen. Personalen får gärna göra mig delaktig och göra inköpslista tillsammans med mig. När jag mår bra, så kan jag vara med och bestämma mat. Jag tror det är viktigt att personalen fyller i en blankett för att se hur mycket jag får i mig varje dag. Det har vi gjort förut, när Dietisten bad om det. Sjölund(2020), ger tips vid matinköp och matlagning, där personen har möjlighet att fylla i vilket stöd och vilken hjälp hen behöver i alla moment och även vilka intryck som kan vara ansträngande och behöva tas hänsyn till(s. 41-51). Sjölund & Bejerot(2009), beskriver ett kartläggningsmaterial man kan använda vid svårigheter med kost och måltidssituationer(s. 120). De skriver också att det inte är ovanligt att personer med Ast får anorexia. Vidare att många känner olust att äta viss typ av mat. De menar att en del får obehag av att äta och att det inte är ovanligt att män har ett självsvältbeteende(s. 147). Jag känner igen mig i det här och morsan och Gurra har försökt få hjälp åt mig. De har kontaktat dietisten, logoped och psykolog. När jag flyttade till service boendet var det svårt för mig att komma iväg till bland annat dietisten. När man har sådana här svårigheter vid matsituationer och andra svårigheter, så kan det ibland behövas ett SIP möte. Det är en förkortning på Samordnad individuell plan. Personer som har insatser både från hälso- och sjukvården och från socialtjänsten, kan erbjudas en SIP. Jag har haft det.

För mig är det också omständigt att komma iväg till tandläkare och läkare. Det är mycket som behöver vara på rätt sätt om jag ska komma iväg och få en upplevelse som inte är jobbig för mig. När det gäller att få komma till vårdkontakter, så tänker jag på de lagliga rättigheterna igen. Speciellt LSS 6§, som säger att de verksamheter som arbetar utifrån den här lagen, ska vara av god kvalitet och ha respekt för individens integritet och självbestämmande. Vidare att verksamheten ska kontinuerligt se till att kvaliteten är säkrad och utvecklas och att det ska finnas personal i verksamheten, som ger ett bra stöd, omvårdnad och en god service(Larsson och Larsson, 2019, s. 39). För min del, så behöver jag bli respekterad för den jag är och få bestämma själv hur jag behöver ha det inför vårdbesök. Jag är beroende av personalen och deras omvårdnad, bemötande och agerande i situationen, vilket är avgörande om jag ska kunna ta emot det stöd och den hjälp jag behöver. För mig handlar det om att det behöver vara någon som känner mig väl och känner till min känslighet som åker med mig, hur vi kommer till vårdkontakten, väntetid hos vårdkontakten, att vårdkontakten känner till min känslighet. Jag har laglig rätt att få komma till mina vårdkontakter. Jag har också laglig rätt att få anpassat min tillvaro så att jag har möjlighet att tacka ja exempelvis till att komma till de vårdkontakter jag har behov av, för att få goda levnadsvillkor. I LSS 7§, står det bland annat att individen ska ha rätt att få goda levnadsvillkor, genom beviljade insatser och att dessa insatser ska vara individanpassade utifrån personens behov(Larsson och Larsson, 2019, s. 43).
Lewin(2019), skriver om Etiska rådet, som uttrycker att personalen ska se till att individen får inflytande över sitt liv. Om personalen bedömer att det finns risker och att en situation kan vara farlig, så ska personalen ingripa. Om livsvillkoren är dåliga eller om det finns risker som är hotande, då behöver personalen agera och ge personen stöd för att få

bättre levnadsvillkor och levnadsvanor(s. 93). Min situation kan bli allvarlig , om vårdkontakter uteblir och om jag inte äter mat, då är det viktigt att personalen i framtiden agerar och skapar förutsättningar för mig på mina villkor, för att få mina behov tillgodosedda. MFD(2020), skriver om diskrimineringslagen. I lagens innehåll beskrivs bland annat, en form av diskriminering, vid bristande tillgänglighet. Vilket innebär att en person med funktionsnedsättning kan vara diskriminerad, om den inte får tillgänglighetsåtgärder genomförda, så personen får komma i en jämförbar situation, som människor som inte har en funktionsnedsättning.
Jag behöver och har rätt att få anpassning så jag kan komma till viktiga vårdkontakter, precis som övriga befolkningen har. De behöver vara tillgängliga för mig.

Eftersom jag har kognitiva svårigheter, bland annat med tid och minne, så behöver jag stöd med förberedelser inför exempelvis vårdbesök. Det är viktigt att personalen förstår att jag behöver individuell anpassning, med hänsyn till rädslor och med förberedelser inför tandläkare, läkarkontakter och även andra aktuella vårdkontakter.
Sjölund & Bejerot(2009), skriver att det inte är ovanligt att personer med autismspektrumtillstånd har rädsla för situationer, där de tidigare har varit med om något som de upplevt obehagligt. Exempelvis vid läkarbesök. En del personer känner ångest, då de hamnar i en liknande situation. Det kan hjälpa personen om de får förbereda sig mentalt inför ett läkarbesök, genom att någon berättar i förväg vad som ska hända(s. 145).
Sjölund(2020), beskriver ett kartläggningsmaterial i boken Vardagsstöd 1. En kartläggning, av praktiska färdigheter inför läkarbesök, där individen kan gradera behov av stöd på en skala mellan 1-10, hur individen kan ta sig till och från läkarbesök, hur personen hanterar mötet osv. Personen kan fylla i vilka intryck som är ansträngande, vilket stöd personen behöver och det finns utrymme för fri text att fylla i viktig information(s. 35-39). Jag skulle behöva hjälp av personal att gå igenom det materialet, i syfte att säkerställa, så att jag får den förståelse jag behöver inför kommande vårdbesök.

Sjölund & Planting, Gyllenbåga(2020), menar att det är viktigt för individen att ha en egenkontroll och vara förberedd på det som ska ske. Stödpersonen behöver informera och förbereda individen. Hjälparen behöver berätta, vad som ska hända, när det ska hända, med vem det ska hända, hur länge det ska hända, hur mycket som ska göras, var det ska göras vid behov, vad som händer sedan(s. 54). Personalen behöver därför göra en planering hur jag kan förberedas på bästa sätt och vilka färdmedel som är lämpligast att åka och vilken personal som står mig närmast och kan åka med, för att inge trygghet. Personalen kan prata med mig en tid innan besöket ska ske och meddela mig vem jag ska åka med, hur vi ska åka och vad som ska ske. Sedan kan personalen berätta samma dag vilken tid vi ska åka. Det är viktigt att personalen blir informerad om det här i framtiden.

På sikt kan personalen arbeta med mina rädslor, exempelvis genom att ritprata, kring de situationer jag tycker är svåra, i syfte att jag ska känna mig trygg och kanske övervinna någon rädsla. Sjölund & Planting, Gyllenbåga(2020) beskriver i boken vardagsstöd 2, vikten av att ritprata och förklara sammanhang exempelvis varför det är viktigt att gå till tandläkaren. Man kan rita upp eller använda bilder på hur tänderna kan se ut, om man får hål, om man inte borstar sina tänder och att tandläkaren kan se om tänderna håller på att få hål. Här förklaras konsekvensen av något konkret(s. 66).

Nu har jag berättat lite om hur jag behöver ha det. Jag skulle kunna skriva så mycket mer. Men jag vill poängtera att jag tycker det ofta händer att personalen bara går iväg om jag säger nej till någonting, istället för att ta reda på varför jag säger nej och fråga hur jag istället vill ha det, så jag kan säga ja. Man får aldrig tvinga någon till något. Det är kränkande. Personalen behöver jobba med oss som har autism och andra funktionshinder, så vi förstår innebörden av vad som ska hända och vad det är för mening med det som ska ske. Vi behöver begriplighet, meningsfullhet och hanterbarhet genom livet. Vi kan inte säga ja annars till den hjälp och de aktiviteter och sysslor som erbjuds oss. När vi tackar nej till en insats eller en situation, så kan det få svåra konsekvenser. Som för mig, då jag inte fick mina matsituationer anpassade på serviceboendet. Jag fick inte mina vårdbesök anpassade och kom inte iväg till vårdkontakter och jag satt ensam i lägenheten utan att komma ut, eftersom insatserna ledsagning och kontaktperson drogs in.

Jag tror det är jätte viktigt med kartläggning och samverkan, för att personalen ska få så mycket kunskap och information om oss/ mig som är möjligt, för att vi/ jag ska kunna få ett fullgott stöd och ett meningsfullt, begripligt och hanterbart liv. Jag behöver bli förstådd som den individ jag är och få ett gott bemötande och mina individuella behov tillgodosedda. Det är min och andra personer med funktionshinders rättighet att få bli bemött med respekt och få en individuell anpassning, kring varje situation i våra liv, oavsett om det är i vårt eget hem eller i en annan miljö utanför hemmet.

Gurra kom med ett förslag, som jag måste lägga fram. Det är så klockrent.

Han sa att vi personal måste ju alltid gå "intro" innan vi börjar jobba med någon person. "Intro" betyder introduktion. Det innebär att personalen ska lära känna en persons svagheter och styrkor, olika hjälpbehov och vissa rutiner som ofta finns, som är viktiga att personalen arbetar utifrån. Helt enkelt få så mycket personkännedom om personen som möjligt, för att kunna göra ett bra jobb och ge personen goda levnadsvillkor.

Gurra sa att biståndshandläggare och chefer borde gå "intro" i några veckor hos de personer som ansökt om insatser, innan de fattar några beslut. De kan inte alla gånger få en rättvis bild genom att läsa i papper och bara träffa personen någon gång själv. De har ofta egna värderingar och uppfattningar och går efter det. Självklart inte alla. En del förstår fort hur verkligenheten ser ut och vilka behov en person har och fattar beslut utifrån det. Precis som det kan finnas skillnad mellan förståelsen hos olika personal inom LSS och SOL.

Gurra sa också att han tycker det är viktigt att handläggarna tar reda på varför en insats inte fungerar, för att det ska kunna bli bra för både den person det gäller och för andra individer i framtiden, så det inte händer igen. Min erfarenhet är att de inte gjorde det i mitt fall med serviceboendet.

Kapitel 16: Tänk dig själv OM...

Du är sjuk och har hög feber, huvudvärk och ont i hela kroppen och någon skulle säga: Jag handlar inte åt dig om du inte följer med. Jag städar inte åt dig, om du inte samarbetar. Du måste själv laga din mat och utföra sina sysslor.
Det är som att tvingas klättra uppför ett högt berg när man är sjuk.

Du kan också föreställa dig, det du är mest rädd för. Det är ju så olika för oss alla vad vi är rädda för. Jag har en inre skräck för tandläkare och läkare, vilket medför stress och oro, om jag inte får anpassat då jag ska dit. Jag har också blivit rädd för trafiken och för att åka kommunala medel. Det beror på mina erfarenheter och vad jag läser och hör på nyheterna. Det har bidragit till att jag i förväg tänker vad som kan hända. Jag tror de flesta människor har en rädsla eller skräck för något och själv anpassar och planerar för att det ska bli så bra som möjligt om man behöver utsättas för det man är rädd för och oroar sig för. Det är viktigt med planering och anpassning.

Föreställ dig att du inte får den anpassningen. Någon som inte förstår dig ska hjälpa dig. Du tvingas, mot din vilja att utsättas för vissa situationer, därför att ingen förstår dig och tänker inte anpassa åt dig. Hur tror du det känns i längden. Att gång på gång få oförståelse. Att få kommentarer som att du MÅSTE göra det här. Vi kan inte göra på något annat sätt. Eller att någon säger att det här går bra. Men du själv upplever inte att det går bra. Du känner dig rädd, stressad och orolig. Det är ingen som tar hänsyn till det. Du får ingen respekt. Du upplevs som hopplös, lat och inte samarbetsvillig. När du själv är trött, stressad, orolig och rädd.

En del personer gillar att hoppa fallskärm eller bungyjump, att åka luftballong eller klättra i berg. En del personer är väldigt äventyrliga. Det är inte jag. Tvärtom. Jag är väldigt försiktig. Men ibland känns det som jag blir knuffad ut från ett flygplan ensam och jag vet inte hur jag ska utlösa fallskärmen. Om du inte är äventyrlig, är rädd och tvingas till att göra något du inte vill, så kan det få förödande konsekvenser. Om du dessutom tvingas till det flera gånger, så kan det få ändå större konsekvenser. Rädslor, oro och stress, byggs på och ibland omvandlas det till ilska, som byggs på och lagras, när man känner att man tvingas till något som är jobbigt, som man själv inte vill, orkar eller kan. Ryggsäcken blir tyngre och tyngre. Man säger nej oftare och kan till slut inte få den hjälp man behöver. Ofta accepterar personalen ett nej och går. De säger att jag inte vill, är hopplös och lat. Jag vill inte samarbeta. De kan ta reda på varför. De kan förklara och anpassa för mig, så går allt mycket lättare. Om du blir utknuffad från ett flygplan utan att kunna hantera fallskärmen. Vad gör du då? Blir du rädd? Vill du flyga igen?

En del älskar att stå inför människor och prata och berätta saker. En del tycker inte om det. En del har social fobi. Det är inte så ovanligt. Jag har inte bara social fobi. Jag har dessutom perceptionsstörningar som påverkar mina sociala relationer. Ljud och synintryck som påverkar min hjärna, som bidrar till en inre stress, som ökar i pressade situationer. Om jag inte skulle få hjälp och stöd i mina sociala kontakter, så skulle livet bli helt upp och ner, som det redan har blivit vissa gånger. Jag behöver stöd socialt sätt och behöver ha trygga, lugna, enkla, förstående människor omkring mig, med glimten i ögat, för att jag ska kunna säga ja och ta emot stöd och hjälp. Vad det än gäller. Hur skulle du känna om du måste stå inför människor och föra din talan? Du kan inte ta in och förstå det som sägs. Du ska dessutom svara på deras frågor. Det låter som om de pratar ett helt annat språk. Det du har hört, kan du inte komma ihåg eller återberätta, för du har dåligt minne. Du upplever att din hjärna är tom och du vet inte vad du ska säga. Det finns inga ord. Sedan får du höra att vi sa ju att... Jag berättade det för dig... Har du inte gjort det, som jag sa att du ska göra... Du sa ju ja den gången... eller nej i den situationen....
Så kan det bli, om man inte förstår, inte minns och inte kan föra sin egen talan i vissa situationer, vid för pressade situationer.

Tänk dig om du har en chef, som inte gillar dig. Du blir utsatt för klagomål, att du inte kan samarbeta, att du inte sköter ditt jobb ordentligt, att du är lat, chefen tror att du ljuger. När du träffar chefen så blir du svettig, nervös, stammar och vet inte vad du ska säga, blir fumlig och kan inte utföra ditt arbete ordentligt, du försöker förklara och försvara dig helt utan förståelse från chefen. Du blir trött av pressen, deprimerad och tappar kraft. Mer och mer för varje dag. Du har ingen annan att vända dig till, alla står på chefens sida. Du blir utfryst. Ingen lyssnar på dig. Så kan det kännas när det kommer personal som inte tar hänsyn eller har respekt för den du är. När man inte får förståelse eller blir lyssnad på. De här personerna ska laga din mat och sitta med dig när du äter, ska städa, handla, tvätta och ge stöd och hjälpa dig med alla dina dagliga göromål för du orkar och kan inte alltid själv. Du är beroende av dem för att komma ut genom ytterdörren. För att få vara i sociala sammanhang. Men de tror inte på att du är ljudkänslig, inte klarar för mycket ljud och människor som pratar på en gång. Att du är ljuskänslig och kan behöva solglasögon både inne och ute. Att du är extra känslig för värme och kyla. Och förstår inte att de behöver hjälpa dig när du tar på en t-shirt när du ska gå ut på vintern och drar på en tjock jacka på sommaren. De tycker du inbillar dig och hittar på när du inte klarar av att svälja och äta viss smak och konsistens på maten. Att du är rädd för att sätta i halsen. De säger att du kan och måste städa och sköta dina praktiska sysslor, fast du inte orkar. De säger att du har armar och ben och tycker att du ska kunna sköta disk och annat själv. Det känns som de knuffar ut dig från flygplanet, fast du är rädd. Du tvingas att prata med myndigheter och okända människor, trots att du inte förstår vad som sägs, stammar och inte vet vad du ska säga. De tvingar dig att gå och handla trots att du har hög feber och det känns som de tvingar dig att försöka gå uppför det höga berget, när du är jätte sjuk. De tar inte hänsyn och individanpassar inte, för de förstår dig inte. Att du inte vill samarbeta är ditt eget fel. Det är du som är hopplös och ljuger om ditt sammanhang. De förstår inte heller din rädsla när du ska till tandläkaren och läkaren. Rädsla för att de ska göra något fel eller rädsla för att det ska göra ont eller att du ska vara dödssjuk. De förstår inte heller din rädsla när du ska åka färdtjänst. Rädslan som kommer av att förare vid tidigare tillfällen kört för fort, hetsig och gör snabba filbyten.

Därför vill jag välja min personal själv. De som förstår mig, ser mig som den jag är, som tycker det är roligt att vara med mig och anpassar utifrån mina förutsättningar, så jag kan få alla mina behov tillgodosedda och få goda levnadsvillkor, som jag har rätt till enligt lag. Dem som kan hjälpa mig att utvecklas. Att utvecklas, som en del pratar om. Jag vill utvecklas, jag vill leva som andra, jag vill komma vidare i livet. Men först måste jag få rätt förutsättningar för att kunna göra det.

Alla människor kan hamna i en beroendeposition, även du. Jag tror även du skulle önska att få förståelse, anpassning och önska att få välja din personal om du hade möjlighet till det.

Kapitel 17: Avslut – Varför och TACK!
Jag önskar att jag inte blivit utsatt för allt jag blivit utsatt för. Att jag inte skulle behövt gå igenom så mycket, så många förändringar och att jag fått behålla änglarna som jobbat med mig. Jag önskar att livet kunde varit lite enklare både för mig och mina anhöriga. Jag har också rätt att få ett bra liv och goda levnadsvillkor. För mig innebär det att få respekt och få mina grundläggande och övriga behov tillgodosedda. Att få

stöd och hjälp med det jag behöver och att få göra saker som jag tycker är roliga och känns meningsfulla. Att få ett så självständigt liv, som det finns möjlighet till, utifrån mina villkor. Jag vet inte hur fortsättningen av mitt liv kommer att se ut. Jag är beroende av myndigheterna och deras beslut om insatser. Det är dem som avgör hur jag kommer att få det i framtiden. Jag väntar fortfarande på besked om jag kommer få personlig assistans. Jag gjorde ansökan för tio månader sedan. Jag tror och hoppas på det bästa. Här nedan följer den sista mejlkontakten som morsan haft med myndigheterna, innan boken kommer ut. Morsan hade ansökt om hemtjänst och utökad ledsagartid på ett möte i augusti, eftersom de ska börja jobba fler dagar i veckan. När de inte hört något så mejlade de till handläggaren i början av september:

Hej! T undrar när insatserna hemtjänst börjar och ledsagning utökas? Ha det bra! Mvh A

Hej A, I dagsläget är det svårt att säga exakt när, men senast under november kommer besluten att fattas Hoppas att T nöjer sig med det något öppna svaret tillsvidare. Med Vänlig Hälsning Handläggaren.

Morsan svarade:

Hej!

T undrar dagligen när "det händer något", när det kan komma någon person som hon kan få komma ut mer med. Så hon är inte nöjd med svaret.

Vi har lite frågor till dig/ er som handläggare/ Chef. Tror ni T får sina behov tillgodosedda och goda levnadsvillkor, om vi arbetar måndag-fredag 8-16 och det inte finns någon annan än oss som hjälper henne? Tror du 12 timmars ledsagning räcker för att tillgodose T´s alla dagliga grundläggande och övriga behov, måndag – söndag dygnet runt? Ni har fått all information genom åren, med den hjälp hon behöver, från morgon till kväll.

När jag frågade dig (handläggaren) på mötet i augusti, varför ni handläggare motarbetar och inte tycker att T ska få personlig assistans beviljat, så svarade du att hon är i fel målgrupp. Det måste innebära att ni handläggare tar beslut utifrån målgrupp och inte efter behov? Och att ingen person som har diagnoserna Adhd, Autism eller medel intellektuell funktionsnedsättning ska få personlig assistans? Om jag tolkat det fel, så får du/ dina kollegor gärna berätta hur ni tänker och vad ni baserar era beslut på.

T gjorde ansökan om personlig assistans i november förra året. Vi har inte fått besked från förvaltningsrätten än. Vi tänkte som ni handläggare innan, att det skulle vara svårt för T att få personlig assistans. Vi har inte varit insatta alls i hur det fungerar och vilka behov man ser på i första hand. Under tiden som gått och när vi har läst försäkringskassans grunder för personlig assistans, så har det för oss blivit allt tydligare att hon också har rätt till personlig assistans. Men med handläggare som inte anser det, så har den lilla människan inte stora chanser att överklaga och få igenom ett beslut. Om ni handläggare inte anser att det är rätt för T, så behöver ni ta ansvar för att hon får sina behov tillgodosedda på ett annat sätt, som hon kan tillgodose sig. Det har dragit ut på tiden och vi har försökt hitta lösningar under tiden, sedan T var tvungen att flytta hem till oss igen i december förra året.
Vad är ert förslag, hur hon ska få sina behov tillgodosedda, utifrån T´s egna förutsättningar?

I mars-21, så bad vi dig att titta på alternativ service boende (ej gruppboende) och se om det finns service boenden som kan arbeta utifrån individanpassning. Det var ett alternativ som du skulle utforska och som skulle kunna vara aktuellt om T även skulle få behålla kontaktperson och ledsagare vid sidan om. Det på grund av att det skulle finnas personer hon är trygg med i sin tillvaro som hon kan anförtro sig till, om det inte skulle fungera med boende personalen.(så som det blev på tidigare boende). T har provat service boende och det krävs mycket och att allt blir rätt för att hon ska kunna acceptera det igen.

Under augusti fick T förslag på grupp boende och sedan service boende
Vi ställde då frågan till er om de kan individanpassa och om hon får behålla kontaktperson och ledsagare? Vi har inte fått

svar på det än. Vi tittar gärna om det är rätt förutsättningar för T, som vi nämnde i tidigare mejl.

Nu när T önskar hemtjänst och utökad ledsagning, för att få sina behov tillgodosedda, så ser det ut som att det ska ta tre månader för att få det beviljat.
Vad är orsaken till det? Se frågeställningarna högre upp.

Kan T tacka ja till en lägenhet om hon erbjuds en genom hyresföreningen, där hon står i kö? Ska hon då också klara sig själv i flera månader utan personal? Annars, vilka insatser kan hon då få?
Vi nämnde för dig att det hade varit bra om T hade bott kvar i vårt område och vi hade flyttat ut. Tyvärr kräver hyresvärden en inkomst på 3 x årshyran, vilket inte T har. De godtar inte heller att inbetala 3 månadshyror i förväg.

På mötet i augusti, så nämnde jag att det hade underlättat om T hade fått förståelse av er handläggare för sin situation. Jag nämnde att det är svårt att bevisa alla grundläggande behov och på vilket sätt T behöver ha det, för att få sina behov tillgodosedda. Det är svårt att bli betrodda. Du sa då att det inte behövs bevis. Vi sa inget då, men vi upplever att man hela tiden behöver bevisa det man försöker förklara och har fått kämpa hårt för att få till små utredningar, läkarintyg och andra intyg, som ska kunna stärka det vi berättat. Vi har gjort det för T´s skull och utifrån hennes önskan att vi för hennes talan.
Ofta träffar vårdgivare brukaren några få gånger, under korta stunder och får inte med sig alla situationer som kan uppstå under en dag. En annan sak, som är till T´s stora nackdel, är personalen på tidigare boendet, som inte dokumenterade hur hennes dagar såg ut. De skrev vad de lagat för mat, men inte att hon inte åt upp maten. Osv..
Hur ska brukaren/ anhöriga gå tillväga för att bli betrodd i olika livssituationer?

Som jag nämnt förut, så vill vi inte bråka. Om vi hade trott på att T skulle må bra av att bo på ett gruppboende eller att ett service boende skulle fungera och hon själv hade önskat det,

så hade vi sagt ja till det direkt. Precis som vi gjorde, när T tidigare flyttade till det närliggande service boendet. Vi trodde det skulle bli jätte bra. Och det var mycket svårt att övertala T att flytta då, som du vet.
Vi inväntar dina svar inom kort från dig eller din chef.
Ha det bra så länge, så hörs vi vidare. Mvh A

Svaret från handläggarna har inte hunnit komma. Fortsättning följer i kommande bok, som kommer handla om bland annat morsan och Gurra och andra anhörigas berättelser. Kanske fler böcker kommer därefter.

Jag skulle önska respons på det jag har berättat i boken. Vem du än är som läst boken, så är du välkommen att skriva till författarens mejladress, som finns längst bak i boken. Du får gärna skriva anonymt om du vill. Om någon person läst min berättelse, som sitter i en position, där du har möjlighet att påverka, ta beslut, om du är handläggare, chef, politiker eller annan myndighet som exempelvis IVO och Förvaltningsrätten och även vårdinstanser, så kommentera gärna till författarens mejl. Det hade gjort det lättare att förstå. Exempelvis varför jag inte tillhör målgruppen som ska kunna få personlig assistans? Vad tycker ni om att vi ofta får höra att det inte finns pengar till insatser? Att det ofta dras in personal på LSS och SOL verksamheter? Vad kan ni göra för att alla som tillhör LSS och SOL ska få liv med goda levnadsvillkor? Alla tankar är välkomna.

Sen vill jag avsluta med ett stort TACK! Av mitt hjärta TACK! Till alla de människor som funnits för mig, som varit änglar i mitt liv genom alla år. De som förstått, lyssnat, gett mig tid, skojat, tagit med mig på roliga saker. Det är många som har varit änglar. Jag har betytt någonting. Jag har fått vara speciell. Jag har fått mycket beröm och uppmuntran, även om jag inte alltid kunnat ta det till mig. Jag har haft många fina människor som jobbat med mig genom åren. Många som jag velat ha kvar. Många jag har saknat. Några har jag kunnat besöka i efterhand. Någon har ringt och frågat hur det går med

mig i efterhand. Alla fina änglar. Jag hade kommit längre i livet om jag fått behålla er. Jag hoppas andra fått ta del av er kärlek, så som jag fått göra.
Jag hoppas få träffa nya änglar, som kan jobba med mig och som stannar kvar.
Ta hand om er! Ni är värdefulla!
Thess

Författarens mejladress:
(för den som vill komma i kontakt med författaren eller bara vill kommentera boken).

Sommarvind7@gmail.com

Källor:
Jag lägger in aktuella källor under respektive kapitel, för att det ska vara lättare för läsaren att se vilken källa jag hänvisat till.

Källor kapitel 2:
Litteratur:
Dahlgren, SvenOlof (2019). Autismspektrumtillstånd. I Söderman, Lena & Nordlund, Mårten (red.) *Omsorgsboken: möjligheter och svårigheter vid intellektuell funktionsnedsättning.* Upplaga 6 Stockholm: Liber

Sjölund, Anna & Bejerot, Susanne(2009). Boendestödsboken: *Vuxna med autismspektrumtillstånd*. Stockholm: Riksföreningen Autism (RFA)

Elektroniska källor:
1177 Vårdguiden(2016). Intellektuell funktionsnedsättning – utvecklingsstörning.
https://www.1177.se/Stockholm/sjukdomar--besvar/hjarna-och-nerver/larande-forstaelse-och-minne/intellektuell-funktionsnedsattning---utvecklingsstorning/

Riksdagen (2019). *Socialtjänstlagen (2001: 453)*
https://www.riksdagen.se/sv/dokument-lagar/dokument/svensk-forfattningssamling/socialtjanstlag-2001453_sfs-2001-453

Socialstyrelsen, (2014). *Stöd till barn, ungdomar och vuxna med adhd – ett kunskapsstöd.*

https://www.socialstyrelsen.se/globalassets/sharepoint-dokument/artikelkatalog/kunskapsstod/2014-10-42.pdf

Socialstyrelsen, (2019). *Konsekvenser för vuxna med diagnosen adhd. Kartläggning och analys.*

https://www.socialstyrelsen.se/globalassets/sharepoint-dokument/artikelkatalog/ovrigt/2019-6-21.pdf

Specialpedagogiska skolmyndigheten(2021). *Vad är neuropsykiatriska funktionsnedsättningar(NPF)?*
https://www.spsm.se/funktionsnedsattningar/neuropsykiatriska-funktionsnedsattningar-npf/vad-ar-neuropsykiatriska-funktionsnedsattningar-npf/

Länkar som jag rekommenderar att titta på:

Det finns stöd att söka från kommunen, om man har barn som har Adhd. Det kan man läsa mer om på Habilitering & Hälsa(2019).
Habilitering & hälsa (2019). *Ekonomiskt och socialt stöd för barn med Adhd.*
http://habilitering.se/adhd-center/om-adhd/behandling-och-stod-fran-samhallet/ekonomiskt-och-socialt-stod-barn-med

Habilitering & hälsa (2019). Adhd-center. *Att ansöka om omvårdnadsbidrag hos försäkringskassan – exempel och tips på beskrivning av barnets svårigheter*
http://habilitering.se/sites/habilitering.se/files/12._att_ansoka_o m_omvardnadsbidrag.pdf

Här lägger jag in ett par länkar som kan vara bra att titta på inför och under LÄKARBESÖK:
Autism & Aspergerförbundet(2019). *Autism och tillgänglighet i vården.*
https://medlem.foreningssupport.se/rfa/uploads/nedladningsba ra%20filer/Autism%20och%20tillgänglighet%20i%20vården%2 02019webb.pdf

Autism & Aspergerförbundet(2019). *8 saker du behöver tänka på när du möter personer med Autism inom Hälso- och sjukvården.*
https://www.autism.se/media/wvnd5r3n/8-tips-halso-sjukvard.pdf

Källor Kapitel 3:
Litteratur:
Dahlgren, SvenOlof (2019). Autismspektrumtillstånd. I Söderman, Lena & Nordlund, Mårten (red.) *Omsorgsboken: möjligheter och svårigheter vid intellektuell funktionsnedsättning.* Upplaga 6 Stockholm: Liber

Hanson, Anders (2015). Salutogen kultur: Från värdegrund till verksamhetsnytta. Livonia print, Lettland 2016.

Sjölund, Anna & Bejerot, Susanne(2009). Boendestödsboken: Vuxna med autismspektrumtillstånd. Stockholm: Riksföreningen Autism (RFA)

Elektroniska källor:
Eriksson, Ida & Wolff, Lotta(2019). Neuropsykiatriska funktionsnedsättningar – perception, kognition, samspel och känslor. Specialpedagogiska Skolmyndigheten. https://www.spsm.se/globalassets/studiepaket-stodmaterial-delwebbar/studiepaket-npf/neuropsykiatriska-funktionsnedsattningar--perception-kognition-samspel-och-kanslor-pdf-dokument-925-kb-3.pdf

Källor kapitel 4:

Litteratur:
Larsson, Monica och Larsson, Lars G(2019). LSS 2019: Stöd och service till vissa funktionshindrade. Komlitt

Elektroniska källor:
Myndigheten för delaktighet(2020). Uppföljning av funktionshinderspolitiken. https://www.mfd.se/resultat-och-uppfoljning/kunskapsunderlag/funktionshinderspolitikens-utveckling/uppfoljning-av-funktionshinderspolitiken/

Källor kapitel 12:

Litteratur:
Dahlgren, SvenOlof (2019). Autismspektrumtillstånd. I Söderman, Lena & Nordlund, Mårten (red.) Omsorgsboken: möjligheter och svårigheter vid intellektuell funktionsnedsättning. Upplaga 6 Stockholm: Liber

Hejlskov Elvén, Bo (2018). *Problemskapande beteende vid utvecklingsmässiga funktionshinder. Upplaga 2:1.* Lund: Studentlitteratur AB

Elektroniska källor:
Autism och Aspergerförbundet (2013). Boendestödsfilmen om autismspektrumtillstånd
https://www.youtube.com/watch?v=61WuQd4Gt8w

Socialstyrelsen (2015). *Att förebygga och minska utmanande beteende i LSS-verksamhet.*
https://www.socialstyrelsen.se/globalassets/sharepoint-dokument/artikelkatalog/kunskapsstod/2015-12-3.pdf

Källor kapitel 13:

Litteratur:
Ardoris, Louise(2017). Från kaos till klarhet: tydliggörande pedagogik i vardagen. Helsingborg: Komlitt

Thunberg, Gunilla(2019). Kommunikation – ett grundläggande behov och en mänsklig rättighet. I Söderman, Lena & Nordlund, Mårten (red.) *Omsorgsboken: möjligheter och svårigheter vid intellektuell funktionsnedsättning.* Upplaga 6 Stockholm: Liber

Här nedan lägger jag inte några länkar, där den som önskar kan gå in och läsa om kognitiva hjälpmedel respektive AKK.

Hälsa och hablitering(2014). *Kognitivt stöd och hjälpmedel i vardagen – vad finns och hur funkar det?*
http://www.lul.se/Global/HOH/SUF_kunskapscentrum/Konfere ns2014/Kognitivt_stod.pdf

Socialstyrelsen(2017). Kunskapsguiden - *Alternativ och kompletterande kommunikation.*
https://www.kunskapsguiden.se/funktionshinder/Teman/altern ativ-kompletterande-kommunikation/Sidor/Default.aspx

Hjälpmedelsinstitutet(2009). Dart – *Samtalsmatta, svenska erfarenheter av metoden.*
http://www.dart-gbg.org/public/anpassningar/Rapport_Samtalsmatta.pdf

Källor kapitel 14:
Elektroniska källor:

Försäkringskassan(2021). *Vägledning 2003:6 Version 28*

https://www.forsakringskassan.se/wps/wcm/connect/70eaa1bf
-90c0-4ee7-b750-05797f45f306/vagledning-2003-
06.pdf?MOD=AJPERES&CVID

HFD(2020).
https://www.domstol.se/globalassets/filer/domstol/hogstaforval
tningsdomstolen/2020/referat/hfd-2020-ref.-7.pdf

Källor kapitel 15:
Litteratur:
Larsson, Monica och Larsson, Lars G(2019). LSS 2019: Stöd och service till vissa funktionshindrade. Komlitt

Sjölund, Anna (2020). Vardagsstöd 1 - *för personer med autism, adhd och andra kognitiva funktionsnedsättningar: ett kartläggningsmaterial om vad man behöver stöd med i vardagen.* Uppdaterad och omarbetad utgåva 2020. Bromma: Pedagogiskt Perspektiv

Sjölund, Anna & Planting-Gyllenbåga, Anna (2020). Vardagsstöd 2 - *för personer med autism, adhd och andra kognitiva funktionsnedsättningar: ett kartläggningsmaterial om hur man behöver stöd i vardagen.* Första utgåva Bromma: Pedagogiskt Perspektiv

Sjölund, Anna & Bejerot, Susanne(2009). Boendestödsboken: Vuxna med autismspektrumtillstånd. Stockholm: Riksföreningen Autism (RFA)

Elektroniska källor:
Myndigheten för delaktighet(2020). Uppföljning av funktionshinderspolitiken. https://www.mfd.se/resultat-och-uppfoljning/kunskapsunderlag/funktionshinderspolitikens-utveckling/uppfoljning-av-funktionshinderspolitiken/